마음이 열리는
타로대화

글 **임춘희**   그림 쥬리

마음이 열리는 타로대화

1판 1쇄 발행 2023년 7월 14일
글 임춘희   **그림** 쥬리

교정 신선미   **편집** 윤혜원   **마케팅·지원** 김혜지
펴낸곳 (주)하움출판사   **펴낸이** 문현광

이메일 haum1000@naver.com   **홈페이지** haum.kr
블로그 blog.naver.com/haum1000   **인스타** @haum1007

ISBN 979-11-6440-386-8(13180)

좋은 책을 만들겠습니다.
하움출판사는 독자 여러분의 의견에 항상 귀 기울이고 있습니다.
파본은 구입처에서 교환해 드립니다.

☐ 나를 위로하고 응원해 주는 친구가 있었으면 좋겠다.

☐ 타인과 마주하고 대화하며 공감받고 싶다.

☐ 타인과 마주하고 대화하며 공감해 주고 싶다.

☐ 가족과 대화를 길게 나누고 싶다.

☐ 친구와 대화를 길게 나누고 싶다.

☐ SNS가 아닌, 대면 대화를 연습하고 싶다.

☐ 공감 능력이 있다는 말을 듣고 싶다.

☐ 나에게 진정한 친구가 많았으면 좋겠다.

☐ '스마트폰 디톡스(해독)'를 하고 싶다.

☐ 나도 '타로 카드'를 쉽게 배우고 싶다.

디지털 기기, 사람의 눈과 귀를...

　선생님들이 학교를 떠나갑니다. KESS(교육통계서비스)에 보면 선생님 스스로 선택하는 명예퇴직이 코로나 이전보다 증가하고 있습니다. 코로나19 팬데믹을 겪으면서 달라진 교육환경, 늘어나는 갈등으로 인한 생활교육의 어려움, 보호되지 못하는 교권 등등 수많은 이유가 있을 겁니다. 그중에서 나날이 어려워지는 생활교육은 현장에 계신 분들에게도 출근길을 망설이게 하는 영원한 숙제입니다.

　학생들은 입을 닫았습니다. 어쩔 수 없이 마스크로 입을 닫았고, 디지털에 빠져서 손가락으로 대화하고, 마음을 나눌 상대가 없어서 닫았습니다. 고학년이 될수록 입은 더욱 닫혀 버립니다. 어렵기는 부모님도 마찬가지입니다. 가정에서의 밥상머리 교육은 죽은 지 오래되었고, 내 아이를 잘 키우고 싶지만 어쩌다 부모가 되어 교육 방법도 배운 적 없어 마음만 바쁩니다. 어떻게 하면 아이들을 잘 성장시킬 수 있을까요?

　35년간 학교 현장에서 학생들을 만나고, 가정에서 세 딸을 키우면서 아이들을 잘 성장시키기 위해 깨달은 중요한 점이 있습니다. 바로 아이들의 마음을 알아주는 것입니다. 공부 잘하는 것, 친구와의 갈등을 잘 풀어 주는 것의 출발점은 아이들의 마음을 이해하고 인정해 주는 것이었습니다. 전문적인 상담자가 아니어도 어른들이 '내 마음을 알아준다.' 그것만으로도 아이들의 표정과 행동 그리고 학습 태도까지 달라졌습니다. 아이들의 생각과 행동이 긍정적으로 변하는 모습은 교사로서, 부모로서 느끼는 최고의 보람입니다.

아이들의 긍정적인 변화를 유도하기 위해 마음을 알아주는 도구가 필요했습니다. 어려운 상담 이론이나 상담 기술을 몰라도 진솔한 대화를 나눌 수 있는 상담 카드를 빨리 만들고 싶었습니다. 학생들이 자발적으로 재미있게 참여할 수 있는 카드만 만들 수 있다면…

인간의 상상과 실현 사이에 공간이 있다.

그 공간을 건널 수 있는 건 간절한 마음이다.

칼릴 지브란의 명언을 생각하면서 이것저것 찾아보던 어느 날, 책꽂이에 꽂혀 있던 타로 카드 관련 책들과 『어린 왕자』 동화책이 중첩되어 보였습니다.

'아하, 신비로운 타로 카드와 어린 왕자의 만남!'

수많은 시행착오를 거친 결과 드디어 80장의 상담 카드가 만들어졌습니다. 전문가만 사용하는 신비로운 카드가 아니라 관심만 있으면 남녀노소 활용할 수 있는 공감 대화 카드이면서, 휴대가 가능한 전천후 카드입니다. 카드가 만들어진 첫날부터 제일 먼저 저자를 대상으로 실습을 시작했고, 점차 가족 그리고 학생들 상담까지 확대하여 적용했습니다. 상담 결과는 예상했던 것보다 훨씬 더 긍정적이었습니다.

학교 현장에서 상담을 통해 변화된 학생들의 긍정적인 모습과 카드를 통해 가족과 긴 대화를 나눌 수 있었던 따뜻한 추억들, 특히 저자가 힘들고 불안할 때마다 카드 속 친구들을 만나 대화하며 스스로 마음을 치유하며 용기를 냈던 순간들 모두가 놀라운 경험이었습니다. 저자가 상담하면서 받았던 감동을 필요한 분들과 공유하며 나누고 싶었습니다. 저자는 독학으로 수년간 타로 카드를 공부하고 있었기에 제작된 상담 카드를 바로 상담에 적용할 수 있었습니다.

'어떻게 하면 카드 이미지를 쉽게 이해할 수 있을까?'

80장의 상담 카드를 쉽게 해석하는 책이 필요했습니다.

'많은 시간을 들여서 공부해야 하는 기존의 책은 안 돼.
해석이 필요할 때 언제든 펼쳐서 찾아보는 사전 같은 책
혼자서도 찾아보고, 대화할 때도 펼쳐서 해석하는 책
항상 가방 속에 넣어서 다닐 수 있는 가볍고 작은 책
어렵고 심오한 해석은 NO, 쉽고 간단한 해석 YES!'

이 책은 어렵게 외우거나 공부하는 책이 아닙니다. 자신 또는 상대방이 카드를 선택하면 선택된 카드를 보면서 공감 대화를 나누고 함께 의미를 찾아보며 눈 맞춤 대화를 할 수 있게 도와주는 책입니다. 책 속의 그림책을 서로 읽어 주며 동심의 세계도 경험해 보면서 상상력을 발휘한다면 다양한 카드놀이도 가능하게 될 것입니다.

1장은 저자가 나누고 싶은 감동의 현장 사례입니다. 학교 현장에서의 실제 상담 사례와 저자의 사례입니다. 2장은 상담 카드 활용 방법과 학생 상담 공책, 저자의 셀프 상담 공책, 상담 진행 과정을 살펴볼 수 있는 스티커의 사용법을 소개하였으니 적절히 참고하시면 되겠습니다. 3장은 80장 카드를 쉽게 해석할 수 있도록 핵심 키워드, 두 가지 해석, 실전 팁으로 구성하여 책을 펼치면 한눈에 볼 수 있도록 했습니다. 상담 카드 전체 흐름을 알 수 있도록 인생 이야기,

인물 이야기, 세상 이야기를 그림책처럼 재미있게 넣었습니다.

요즘 주변 사람들의 모습을 살펴보면 디지털기기에 눈과 귀를 모두 잃어버린 것처럼 보입니다. 틈만 나면 사람들의 눈은 스마트폰을 들여다보고 귀에는 이어폰이 꽂혀 있습니다. 최근에는 '챗GPT'까지 등장하여 궁금하거나 알고 싶은 것이 있으면 혼자 언제든지 디지털기기에 입력만 하면 됩니다. 그런 디지털기기의 편리함에 익숙해져 공감하며 눈을 맞추고 대화하는 방법을 잃어버리는 것은 아닐지…

이 책으로 스마트폰 속 대화가 아닌 서로의 눈동자 속에 나를 보면서 매일매일 진솔한 대화를 나누었으면 좋겠습니다. 가정에서 가족들과 긴 대화가 어려웠던 분, 학생 상담을 더 진솔하게 하고 싶은 선생님, 외롭고 힘들 때 나만의 친구가 필요하신 분에게 도움이 되기를 간절히 기원합니다.

저자의 상상이 실현될 수 있도록 긴 시간 고통을 견뎌 내며 80장의 상담 카드를 정성껏 만들어 준 쥬리 작가님에게 깊이 감사드리며 힘든 상황에서도 끝까지 응원과 격려를 해 준 사랑하는 가족에게도 고마움을 전합니다.

2023년 6월

지금 이 순간, **임춘희**

일러두기

» 이 책은 시중에 나와 있는 타로 카드의 핵심 의미를 기본으로 하되, 깊이
있는 내용을 쉽게 재해석하여 새롭게 구성하였습니다. 기존 타로 카드는
중세에 만들어져 이미지와 해석이 어렵습니다. 이 책은 누구나 쉽게 접할
수 있는 '어린 왕자' 이야기를 기본 카드 이미지로 구성하여 낯설지 않은
친근함을 주었습니다. 이 책 속에 있는 상담 카드 이미지는 동화책 속 등
장인물들을 새로운 캐릭터로 구성하였고 '더벅머리 작은 왕자'가 이 책의
주인공입니다. 이 책에서는 '더작왕자'로 부릅니다.

» 본 책은 기존 타로 카드 해석과 활용 방법이 다를 수 있습니다. 타로 카드
의 기원, 점성학, 수비학, 카드 배열 방법 등에 대한 이론적인 내용은 넣지
않았습니다. 타로 카드에 대한 기본이론 및 심화 내용을 더 알고 싶다면
전문적인 서적을 참고하시기 바랍니다.

» '더벅머리 작은 왕자 상담 카드'에 담긴 뜻입니다.
더벅머리는 잘 정돈되지 않은 머리를 뜻하는데, 남녀노소 누구나 친근하
게 만날 수 있다는 의미입니다.
작은 왕자는 각자 마음속에 있는 내면의 친구라는 의미입니다.
상담은 상호(관계되는 둘 이상의 사이에서 이쪽과 저쪽 모두) **담소하다**(웃으면서 가벼
운 이야기를 나누다), 자신 또는 상대방과 서로 웃으면서 대화를 나눈다는 의
미입니다.

» 상담 사례는 선택한 카드 의미 해석의 중요한 부분만 소개했고 그 외 질문과 대화를 주고받았던 내용은 생략했습니다.

» 학생들 상담 사례는 개인정보를 위해 이름은 가명을 썼습니다.

» 카드 이미지의 핵심과 그림책 이야기를 영상으로 보고 싶다면 저자의 유튜브 영상 또는 인스타그램을 참고하시기 바랍니다.

▶ 유튜브
https://www.youtube.com/@JURISW

◉ 인스타그램
https://www.instagram.com/jurisw_juri

상담 소감 모음

저자는 학교 현장에서 초등 고학년 학생을 대상으로 상담 활동을 하고 있습니다. 상담 후 학생들이 써 준 상담소감문 중에서 몇 개만 소개합니다.

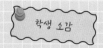
학생 소감

윤○○

선생님께서 나의 고민을 열심히 들어 주시고 진심으로 상담해 주셔서 마음이 따뜻해지고 나의 고민이 훨씬 나아졌다. ○○과 갈등 상황으로 힘들었는데 관계가 많이 나아졌다. 기회가 되면 또 재미있는 카드로 상담받고 싶다.

우○○

고민을 말할 기회가 있어서 좋았고 카드를 보면서 선생님이 정확하게 내 이야기를 해 주셔서 깜짝 놀랐다. 다음에 또 했으면 좋겠다.

이○○

평상시 나도 몰랐던 내 마음을 선생님이 상담해 주신 덕분에 많은 것을 알게 되었다. 카드를 보면서 이야기하니까 내 마음을 보는 것 같아서 신기했다. 앞으로도 선생님에게 계속 타로 상담을 받고 싶다.

김○○

진로상담을 했는데 카드 그림을 보면서 말씀해
주셔서 이해가 잘 되었다. 조언 말씀에 따라
앞으로 탐색해야겠다.

김○○

선생님께서 제 고민을 잘 들어주시
고 해결해 주셔서 고마웠다. 카드가 신
기하고 재미있었다. 상담받은 내용대로
앞으로 열심히 연습해서 잘하도록 노력해
야겠다고 다짐했다.

최○○

상담받을 때 카드
를 보면서 내가 그동안
어떻게 생활했는지 어
떻게 알지? 맞추는 것이
참 신기했다.

이○○

선생님이 제 생각을 끝까지 경청해 주
시고 또 저를 생각해 주셔서 정말 감사드려요.
그리고 제 고민에 공감해 주셔서 고맙습니다. 고민
을 들어 주는 일이 쉽지 않으셨을 텐데 도와주셔
서 감사합니다. 상담 카드가 너무 예쁘고
재미있었어요.

조OO

선생님께 고민을 상담했는데 상담 카드로
잘 맞추어서 재미있고 마음이 좀 홀가분해
져서 정말 좋았다.

구OO

타로 상담받았는데 나에게 많은 도움이
되었다. 평소에 ○○ 때문에 화가 나고 스트
레스를 받았는데 카드를 보면서 좋은 방법을
알려 주셔서 고마웠다.

♥

김OO

처음에는 카드로 상담해서 신기하고 긴
장이 되었는데 상담 내용에 만족한다. 선
생님이 친절하게 상담해 주셔서 감사한
다. ○○에게 말해도 풀리지 않았던 문
제가 풀려서 속이 시원하다. 그런데 상담
카드가 내 마음을 딱 맞춰서 놀랐다.

김○○

요즘 너무 힘들었다. 처음 겪는 일이라 어떻게 대처해야 할지 막막했는데, 카드로 상담하면서 어떻게 해야 하는지 알게 되었고 카드 그림을 보면서 ○○에 대해 이해하게 되었다. 다음에 또 상담받고 싶다.

신○○

진로에 대해 막막했는데 타로 상담을 해 보니 답답함이 좀 풀리는 것 같다. 상담 카드 그림 속에서 나의 재능을 탐색해 보라고 했으니 내 진로에 대해 더 깊이 생각하게 되었다.

강○○

카드로 상담받아 보니 고민이 좀 없어지는 것 같아 좋았다. 내가 뽑은 조언 카드가 해 보라고 했던 것을 딱 한 번 해 봤더니 ○○과 사이가 좋아지는 것 같다. 카드로 상담하니까 더 이야기를 많이 한 것 같다. 다음에도 또 하고 싶다.

저자 소감

상담 타로 카드가 만들어지기 전에는 감정 카드로 상담
을 진행했었다. 공감은 해 줄 수 있었지만 스스로 성찰하고 실행하
려는 의지까지 끌어내기에는 역부족이었다. 사실 상담자로 조언만 해
주는 것이 안타까웠다.

상담 타로 카드를 사용하면서 제일 좋
았던 점은 학생 스스로 자신의 이야기를 솔직하게 털어놓
아서 상담 내용이 진솔해진 것이다. 상담받는다고 하면 뭔가 문제점이
있거나 갈등 상황을 해결해야 한다는 의미로 생각했는데 카드놀이 하듯
이 자신이 뽑은 카드의 그림을 보면서 이야기하는 것을
재미있고 신기해했다.

놀라운 점은 상담받은 학생의 수업 태도가 몰라보게 달
라진 것이었다. 집중하지 못했던 학생의 행동 변화, 부정적인 눈빛
으로 쳐다보던 학생이 밝은 표정으로 다가와 인사하는 모습에서
진한 감동이 느껴졌다.

1장
상담 타로 카드 실제 사례

1. 학생들과 상담했던 사례이며, 개인정보 보호를
   위해 이름은 가명을 썼습니다.
2. 가정에서 가족과 타로 카드로 얘기했던 사례와
   셀프로 상담했던 사례입니다.

> 친한 친구가 있었는데… 요즘 너무 힘들어요.
> 제가 어떻게 하면 될까요?

상담 전

 작년에 이어 올해도 같은 반이 된 친구가 있어요. 상대를 생각하지 않고 자기 고집대로 말해서 기분 나쁘고 마음에 상처를 받아요.

상담 후

 생각해 보니 제가 그 친구에게 상처받은 것을 말하지 않았어요. 그 친구가 계속 상처 주는 말을 하면 제가 기분 나쁘다고 말하고, 그런 말 하지 말아 달라고 부탁해야겠어요.

상담자: 그 친구와 예전에 무슨 안 좋은 일이 있었구나. 지금은 누군가에게 도움을 요청하고 싶은 마음이고, 그 친구 때문에 마음이 아파 어찌할 바를 몰라서 이 생각 저 생각 부정적인 생각을 많이 하고 있네.

예리: 네. 그 친구와 절교는 하고 싶지 않아요. 그냥 저에게 말조심만 했으면 좋겠어요.

상담자: 그런데 이 두 번째 카드 그림을 보니, 이 카드가 왜 나왔는지 잘 모르겠네. 이 카드는 '가르쳐 준다'는 뜻이 있거든. 혹시 말 안 한 것이 있니?

예리: 사실은... 그 친구가 몇 달 전에 춤 연습할 때 저에게만 자꾸 이래라저래라해서 기분 나빴어요.

상담자: 예리가 그때 기분 나빴던 마음이 상처로 남았구나.

제가 원하는 것을 하고 싶은데, 부모님이 반대하세요. 어떻게 하면 좋을까요?

상담 전

저는 운동선수를 하고 싶습니다. 부모님은 선수 경력도 있으시고 운동을 잘하세요. 그런데 제가 다칠까 봐 운동은 안 된다고 합니다.

상담 후

제가 하고 싶은 것만 생각했나 봐요. 부모님의 마음도 이해가 됩니다. 일단 제가 부모님을 설득해 보겠습니다.

상담자: 수영이는 스스로 진로를 정하고 싶었구나. 그런데 현실적인 것을 염려
하시는 부모님이 수영이가 다칠까 봐 불안해하시고 반대하고 계시네.
그래서 요즘 너무 힘들고 속상하구나.

수영: 네. 저는 이제 제 진로를 정하고 싶거든요. 부모님이 자꾸 하지 말라고만
하시니까 잔소리처럼 들리고 제 말을 들어주지 않아서 슬퍼요.

--- 중략 ---

상담자: 수영이가 선택한 마지막 카드를 보렴. 그림 속 인물이 수영이라고 상
상해 봐. 무엇을 하는 것처럼 보이니?

수영: 어두운 곳에서 무엇을 찾고 있는데 별을 보고 있어요.

사례 3　초등학교 고학년 송은서(가명)

평소에 선택을 못 하겠어요. 제가 선택 바보처럼 느껴지는데, 어떻게 하면 좋을까요?

상담 전

평소에 어떻게 해야 할지 고민입니다. 어떤 선택을 할 때 쉽게 하지 못하고 계속 망설이게 됩니다. 그런 제 모습이 너무 후회되기도 해요.

상담 후

제 생각을 안 하고 표현도 안 했나 봐요. 자꾸 남이 시키는 대로만 했던 것 같아요. 좋으면 좋다고, 싫으면 싫다고 조금씩 표현해 보겠습니다.

은서가 선택한 상담 타로 카드

상담자: 은서는 예전부터 다른 사람들의 생각대로 결정을 한 적이 많았지? 착하다는 소리도 많이 들었고. 이제는 스스로 결정할 것이 많아졌는데 자기 생각을 분명하게 표현하기가 어려워서 어떻게 해야 하는지 몰라서 답답하겠구나.

은서: 사소한 것도 자꾸 망설여져요. 제가 앞으로 하고 싶은 것은 많은데... 어떤 것을 선택해야 하는지 자꾸 고민만 하게 되고 아무것도 못 하겠어요.

--- 중략 ---

상담자: 다섯 번째 있는 카드를 살펴보렴. 그림 속에 있는 주인공이 은서라고 상상해 봐.

은서: 검을 들고 속도를 내며 어디로 가고 있어요. 뭔가 단단한 각오를 한 것처럼 보여요.

갑자기 전학을 가게 되었어요. 새 학교에서 친구들과 잘 지낼 수 있을까요?

상담 전

작년에 전학 와서 친구들을 많이 사귀었는데, 다른 학교로 또 전학 가게 되었어요. 저는 정말 가기 싫은데 집안 사정으로 갑자기...

상담 후

선생님께서 좋은 말씀을 해 주시니까 힘이 많이 나요. 고 맙습니다. 전학 가서 좋은 친구가 먼저 될게요. 그리고 힘들면 혼자 슬퍼하기보다는 주변에 도움을 요청할게요.

상담자: 하영이가 작년에 전학을 와서 친구들과 잘 지냈는데 집안 사정으로 갑자기 전학을 가게 되었구나. 친구들과 헤어질 생각을 하니 슬프겠다.

하영: 네. 1년 동안 친구들을 많이 사귀었거든요. 새 학기가 되어 새로운 친구를 더 사귀려고 했는데 또 전학을 가야 해서 너무 속상하고 슬퍼요.

--- 중략 ---

상담자: 하영이가 마지막 선택한 별 카드는 '희망'을 의미해. 하영이는 친구를 배려하는 마음이 있고 친절하거든. 그리고 예의가 바르기 때문에 어디를 가더라도 환영받을 거고, 새로 만난 친구들 역시 하영이를 좋아할 거야.

> 같은 반 남자애가 저에게 사랑 고백을 했어요.
> 그 친구의 진심을 모르겠어요. 어떻게 하죠?

상담 전

얼마 전, 같은 반 남자 애가 저에게 카톡으로 사랑 고백을 했어요. 저를 잘 챙겨 주고, 제 의견도 잘 들어줘서 싫지는 않아요.

상담 후

선생님과 상담하니 제가 그 친구에게 어떻게 해야 할지 알게 되었어요. 혼자만 생각하지 말고 그 친구에게 제 생각을 말해 볼게요.

상담자: 연서가 친구의 고백을 받고 고민이 되는구나. 거절해야 할지 아니면
　　　　마음을 받아들여야 할지?

연서: 카톡으로 제가 좋다고 고백했는데… 그 친구는 운동도 잘하고 저를 잘
　　　챙겨 주어서 좋은데, 제가 어떻게 해야 할지 모르겠어요.

상담자: 네 번째 카드에서 무엇이 보이니?

연서: 지도를 보고 무엇인가 물어보는 것 같아요.

상담자: 궁금할 때는 누군가에게 물어봐야지. 오늘 선생님을 잘 찾아온 거야.
　　　　그리고 다섯 번째 카드는 절제 카드인데 연서가 앞으로 자신의 감정을
　　　　잘 조절하게 된다는 뜻이지.

> 언니와 사이가 좋지 않아 많이 싸워요.
> 어떻게 하면 언니와 사이가 좋아질까요?

상담 전

 언니가 중학교 3학년입니다. 평소에 사소한 일로 자주 싸워요. 말다툼이 너무 심할 때는 슬퍼요.

상담 후

 언니의 상황을 조금 알 것 같아요. 언니가 힘든지 잘 살펴보고, 말 한마디라도 따뜻하게 해 볼게요.

상담자: 현정이가 언니와 갈등으로 마음이 아프고, 언니가 현정이 마음을 몰라 줘서 속상하구나.

현정: 너무 속상해요. 저는 잘못한 게 없거든요. 말만 하면 짜증 내고 화만 냅니다. 그래서 사소한 것으로 자꾸 싸워요.

상담자: 언니가 몇 학년이지?

현정: 중학교 3학년입니다.

상담자: 언니는 지금 고등학교 진로를 앞두고 고민이 많아. 현정이가 언니처럼 중3이 되면 알게 될 거야. 언니의 상황을 잘 살펴보고, 감정을 잘 조절 해서 언니와 대화한다면 언니와의 관계가 좋아질 거야.

상담자: 1차 상담 후 언니에게 어떻게 해 봤니?

현정: 네, 일단 제가 언니에게 시비를 걸지 않았고 말을 부드럽게 하려고 노력했어요.

상담자: 오늘 현정이가 선택한 카드에서도 언니와의 관계가 좋아질 거라고 나왔네. 예전에는 서로 대화하기도 힘들고 속상했는데 그동안 많이 노력해서 언니와의 관계가 좀 좋아졌고 앞으로 '지혜롭게 행동하게 될 것'이라고 나왔어.

현정: 사실 처음에는 말하기가 쑥스러웠는데 그래도 조금씩 해 봤더니 지난번처럼 화내고 짜증 내는 것이 좀 줄어들었어요.

> 엄마와 사이가 좋지 않아서 힘들어요. 엄마의
> 잔소리가 싫은데, 어떻게 하면 좋을까요?

상담 전

 엄마가 저에게 자꾸 잔소리를 하세요. 어느 때는 너무 심한 말도 해요. 제가 외동인데, 엄마가 잔소리를 하면 자꾸 말대꾸를 하게 됩니다.

상담 후

 엄마가 힘들게 일하고 계시니까... 그리고 외동이라서 저에게 기대하시는 게 많다는 걸 알게 되었어요. 제가 할 일을 미리 하니까 엄마의 잔소리가 많이 줄었어요.

장현: 엄마가 저를 혼낼 때 너무 화가 나요. 혼낼 때 심한 말도 하거든요. 듣기 싫어서 말대꾸하니까 점점 더 사이가 나빠져요.

상담자: 그랬구나. 오늘 장현이가 선택한 카드에서 제일 눈에 띄는 게 어떤 카드니?

장현: 혼자서 울고 있는 카드입니다. 꼭 제 마음 같아요. 엄마가 저를 다른 친구와 비교하면서 혼낼 때 너무 속상하고 슬프거든요.

상담자: 장현이가 선택한 카드를 보니까 요즘 엄마도 장현이도 많이 힘든 것 같아. 장현이는 엄마와의 갈등 상황을 어떻게 해결해야 할지 걱정되고 불안해서 요즘 슬프네. 엄마는 왜 장현이에게 잔소리하실까?

상담자: 1차 상담 후 엄마에게 어떻게 해 봤니?

장현: 일단 제가 해야 할 숙제는 엄마가 잔소리하기 전에 미리 했어요. 그리고
엄마가 말씀하실 때 말대꾸 안 하고 끝까지 들으려고 노력했어요. 그렇
게 했더니 엄마의 잔소리가 좀 줄었고 저도 말대꾸하지 않게 되었어요.

상담자: 그랬구나. 오늘 선택한 카드에도 장현이가 그동안 노력을 많이 했다고
나왔네. 예전에는 엄마와 생각이 달라서 속상하고 마음이 아팠는데 상
담 후에는 스스로 노력해서 잘 견뎌 내고 있네.

초등학교 고학년 김솔미(가명)

> 남동생 때문에 너무 화가 나고 짜증 나요.
> 엄마도 미워요. 어떻게 하면 좋을까요?

상담 전

 제가 평소에 남동생을 챙겨야 합니다. 부모님이 너무 바쁘셔서 해야 할 일이 많은데, 동생이 말을 안 들어서 힘들어요. 밖에서는 얌전한 척, 잘난 척하면서 저한테는 함부로 해서 더 화가 납니다.

상담 후

 상담을 받은 후, 남동생에게 적용해 봤는데 좀 괜찮아졌어요. 저에게 소리지르는 것도 줄었고, 제 말도 전보다 잘 듣는 것 같습니다.

솔미: 엄마가 일찍 출근하셔서 남동생은 제가 챙겨서 학교에 데리고 와야 합니다. 그런데 제 말을 안 들어서 미워요.

상담자: 솔미가 남동생 챙기느라 많이 힘들겠구나. 누나 말을 잘 안 들으니까 화가 나는구나.

솔미: 네. 제가 우유 당번이라 학교에 일찍 가는 날이 있었어요. 그런데 그날 동생은 평소보다 더 늦게 일어나 밥도 늦게 먹고 저를 힘들게 했어요.

상담자: 솔미가 맡은 일을 해야 하는데 동생이 말을 안 들어서 그때 많이 화가 나고 속상했겠다. 오늘 솔미가 선택한 카드에서도 남동생 때문에 너무 힘들다는 것으로 나왔네. 하지만 화가 나는 감정을 잘 조절하면 상황이 좀 나아질 것 같아.

상담자: 1차 상담 후 동생에게 어떻게 해 봤니?

솔미: 선생님의 조언을 조금 따라 해 봤어요. 동생이 말을 안 들을 때 화가 나더라도 소리 지르지 않고 말로 하려고 노력했어요. 그리고 너무 힘들면 엄마에게 도움을 요청했어요. 그런데 아직도 저에게 함부로 해요...

상담자: 그렇구나. 그래도 솔미가 노력을 많이 했네. 오늘 선택한 카드에서도 계속 힘들다고 나왔어. 하지만 지금은 힘들지만 앞으로 동생이 달라질 거라는 확신을 갖고 계속 노력해 보렴. 언젠가 동생도 누나의 마음을 알아주게 될 거야.

상담자: 2차 상담 후 동생에게 어떻게 해 봤니?

솔미: 일단 참고 노력해 봤어요. 그런데 동생이 얄미워요. 밖에서는 얌전한 척, 잘난 척하면서 저한테는 함부로 하는 모습을 보면 더 화가 나요.

상담자: 그랬구나. 오늘 선택한 카드를 보면서 이야기하자. 동생이 달라지기를 기대했는데 그렇지 못해서 힘들구나. 더구나 동생의 이중적인 모습을 보면서 실망해서 동생에 대한 기대를 버리고 싶지? 속상하겠지만 조금만 더 베풀어 보렴. 지금은 장난꾸러기지만 언젠가 너를 지켜 주는 보디가드가 될 수도 있어.

사례 9   저자 사례: 명절에 오랜만에 만난 조카

> 취업 준비 중인데
> 시험 전까지 어떻게 하면 좋을까요?

상담 전

 하반기에 있을 대기업 취업을 준비 중인데
어떻게 하면 잘될까요?

상담 후

 더 신중하게 생각해 보고
준비를 철저하게 해야겠어요.

조카가 선택한 상담 타로 카드

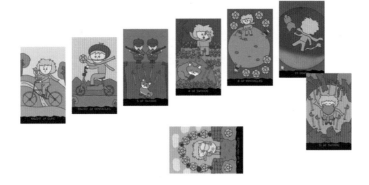

저자: 스스로 마음을 정하려고 생각을 많이 했고, 현실적인 진로 선택을 위해 고민하고 있구나. 그런데 현재는 잠깐 정체 중인데? 준비가 다 되었다고 스스로 만족하는 거니?

조카: 그런 것은 아닌데...

저자: 세 번째 카드를 보렴. 어떤 느낌이 드니?

조카: 꼼짝도 할 수 없는 상황인 것 같아 답답해요.

--- 중략 ---

저자: 일단 준비하고 있는 것에 집중해야겠어. 만약 부정적인 생각에 사로잡혀서 현재 습관을 유지한다면 좋은 결과를 얻기는 힘들 것 같아.

조카: 네. 저도 그렇게 생각해요...

상담 타로 카드 실제 사례 **39**

사례 10 저자 사례: 딸의 상담

> 친한 친구가 있었는데 요새 그 친구 때문에 힘들어요. 어떻게 하면 좋을까요?

상담 전

 그동안 친하게 지냈던 친구가 있었는데 사소한 오해로 갈등이 생겼어요. 어떻게 하면 좋을까요?

상담 후

 오해를 풀어 보도록 해 보겠고, 앞으로 어떻게 해야 후회를 안 할지 깊이 생각해 보겠어요.

저자: 예전에는 정말 친하게 지냈구나. 그런데 요즘 그 친구 때문에 어떻게 해야 할지 걱정을 많이 하고 있네. 네가 '어떤 결단을 내려야겠다'고 나왔네? 두 번째 카드는 뭐지?

딸: 사실은 그 친구와 전혀 예상하지 못했던 충격적인 일이 있었어요...

저자: 그랬구나. 속상했겠구나.

딸: 어떻게 해야 할지 걱정이 많아요.

저자: 마지막 카드 잘 살펴보렴. 현명한 선택을 위해 깊이 생각해 보고, 서로를 위한 결정을 하렴.

저자: 그동안 친구 때문에 많이 힘들었구나... 부정적인 생각들을 잊으려고 일에 온 신경을 집중하고 있구나. 너무 눌러 두려고 하지는 말고 마음과 행동들을 잘 절제하라는 조언 카드야. 앞으로 새로운 좋은 기회가 너에게 찾아올 거야. 지금까지 스스로 힘든 과정을 잘 견뎌 낸 것처럼 계속 전진해 보렴. 결국 너의 진정한 모습을 찾아서 의미 있는 일을 하게 될 거야.

딸: 가운데 여왕 카드가 인상 깊어요!

저자: 여왕 카드를 보니 어떤 생각이 드니?

> 너무 속상하고, 불안하고, 힘들다...
> 내가 어떻게 생각하고 행동해야 할까?

❶ 속상할 때

저자: 친구야, 너무 속상해. 왜 이렇게 답답한 거지?

상담자: 너, 지금 마음이 아프구나? 그래서 답답한 거야. 그동안 잘 지냈다고
생각하고 고마워했는데 전혀 생각지도 못했던 상황으로 충격이 컸을
거야.

저자: 너도 알 거야. 그동안 내 삶의 전부였잖아...

상담자: 생각대로 안 되는 것이 더 많다는 것 너도 알잖아. 한발 물러서서 너의
삶을 다시 성찰해 봐. 앞으로 할 일들이 점점 많아지겠지만 삶의 의미
를 찾다 보면 힘이 생길 거야.

저자: 그렇게 말해 주니 좀 시원해졌어. 고마워!

상담자: 친구야, 그래도 힘든 상황을 잘 견뎌 내고 있는데 자꾸 부정적인 생각
들이 흔들어 대는구나. 그래서 불안한 거지?

저자: 그래 맞아. 지금 너무 걱정되고 불안해... 내가 어떻게 하면 좋을까?

상담자: 너는 지금까지 그 어려운 상황도 잘 견뎌 냈고 앞으로도 잘 해낼 수 있
는 내면의 힘이 있어. 스스로 잘 조절할 거야. 그러니 염려하지 마. 주
변의 상황을 잘 살피면서 할 수 있는 일에 열정을 갖고 행동하면 되는
거야. 알겠지?

저자: 내가 할 수 있는 일에 집중하면 되는 거지? 그렇게 할게. 고마워, 친구야!

❸ 힘들 때

저자: 친구야, 지금 내가 선택한 것, 잘하고 있는 거지?

상담자: 그럼, 잘하고 있으니 그대로 쭉 집중해서 직진해. 현실적 목표만 생각
　　　하는 성급함만 조심하면 돼.

저자: 알겠어. 신중하게 차근차근 계획대로 해 볼게.

상담자: 그동안 해결 방법을 몰라서 많이 힘들었을 거야. 알아... 혼자서 얼마
　　　나 외롭고 슬펐겠어...

저자: 그래도 고맙잖아. 좋은 기회가 찾아왔으니까! 이 기회를 주려고 폭풍우
　　　같은 시련이 있었나 봐. 그렇게 생각하니까 모든 것이 기적이었어.

상담자: 좋은 생각이야! 별 카드가 나왔네. 희망을 품고, 지금처럼 네가 할 수
　　　있는 일에 집중해서 한다면 분명 좋은 결과를 얻게 될 거야.

저자: 고마워, 친구야! 힘내서 열심히 할 테니 응원해 줘!

2장
상담 타로 카드 활용 방법

2장에서는 본격적으로 상담 타로 카드를 활용하는 방법에 대해 설명합니다. 더불어 상담하는 과정까지 세심하게 담아 실전에 활용할 때 참고할 수 있습니다.

카드 배열 방법은 상담을 진행하는 상담자가 다양한 방법 중에서 자유롭게 정하면 됩니다. 1장을 선택해도 되고 2장을 선택해도 됩니다. 상담자의 역량에 따라 적절하게 활용하세요. 소개하는 3개의 배열법은 저자가 상담을 위해 기초, 기본, 심화 방법으로 활용한 것입니다. 상담 내용에 따라 참고하시면 되겠습니다.

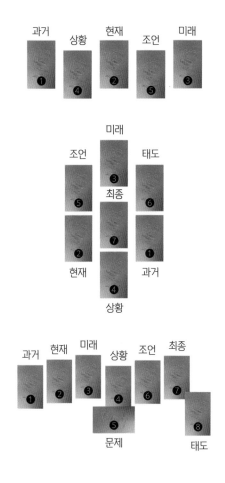

1. 상담을 위한 사전 준비

❶ 상담 의뢰자와 상담 내용에 따라 카드 정하기

상담 타로 카드 80장을 모두 사용해도 됩니다. 상담 내용에 따라 메이저 카드 22장만 사용해도 되고, 인물 카드 16장, 숫자 카드 40장을 각각 사용해도 됩니다. 긍정 카드와 개선 카드는 상담 내용에 따라 사용하세요.

❷ 상담 카드를 펼쳐놓을 천 준비

책상 위나 바닥에 깔아 놓을 적당한 천을 준비합니다. 표면이 매끄러운 천이 좋으며 가정에서 사용하기 적당한 천을 사용하면 됩니다. 앞으로 상담을 계속 진행할 예정이라면 시중에 판매하는 타로 카드 천을 추천합니다. 타로 상점 어디든지 쉽게 구매할 수 있습니다.

❸ 상담 공책, 필기도구

상담 내용을 기록할 수 있는 공책을 준비합니다.
어떤 모양의 공책이든 계속 기록할 수 있으면 됩니다.

2. 상담 시작하기

❶ 면담 분위기 만들기

도움을 받고 싶은 상황을 마음 편하게 이야기할 수 있도록 상담 분위기를 조성합니다. 현재 힘들어하는 상황에 잘 대처할 수 있도록 도움을 주고 싶다는 상담자의 마음을 전합니다. 의뢰자의 말에 공감하면서 끝까지 경청합니다.

❷ 상담 질문 만들기

상담 의뢰자가 상담 후 스스로 실행할 수 있는 질문을 만들도록 안내합니다. 현재 상황에서 좀 더 나아지기를 바라는 마음으로 어떻게 실행해야 하는지 스스로 질문을 하는 겁니다. 상담을 통해 도움을 받고자 하는 것을 질문으로 만들고, 소리 내어 말하면서 상담 타로 카드를 섞습니다.

"요즘 엄마와 관계가 나빠지고 있어요. 제가 어떻게 하면 관계가 좋아질까요?"

"하고 싶은 것을 부모님이 반대하세요. 어떻게 하면 반대하지 않으실까요?"

"남동생이 말을 안 듣고 화나게 합니다. 어떻게 하면 행동이 좋아질까요?"

❸ 상담 타로 카드 섞기

먼저 상담자가 의뢰자가 보는 앞에서 상담 질문을 읽으며 카드를 섞습니다. 이때 바닥에서 카드 전체를 섞어도 되고 화투 치듯이 두 손으로 카드를 섞어도 됩니다. 카드 전체를 탑처럼 가지런히 모아 두고 위와 아래로 섞어도 됩니다. 상담자가 섞는 방법을 자유롭게 선택해서 안내하면 됩니다. 상담자가 카드를 섞으면서 의뢰자의 질문을 말했다면 이번에는 의뢰자도 상담자가 했던 것을 그대로 반복해서 질문을 말합니다.

▶ 바닥에 카드를 펼쳐서
  섞는 방법 예시

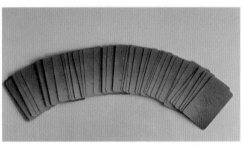

▶ 위아래로 섞고 가지런
  히 놓는 방법 예시

〈더벅머리 작은 왕자 상담 카드〉 뒷면은 장미 문양으로, 위와 아래를 쉽게 구별할 수 있게 제작되었습니다. 어떤 방법으로 섞어서 카드 배열을 하든 문제는 없습니다. 카드 배열은 정방향으로 합니다.

3. 상담 타로 카드 선택하기

❶ 상담 타로 카드 선택하는 방법 안내하기

상담 내용에 따라 상담자가 카드 배열법을 정하며 의뢰자에게 카드를 몇 장 선택할 것인지 알려 줍니다. 상담을 진행한 지 얼마 되지 않았다면 1~3장 정도 자유롭게 정하면 됩니다. 계속 상담을 진행하다 보면 점점 카드의 수가 많아져 대화가 더 풍부해질 것입니다. 하지만 카드가 너무 많으면 핵심에서 벗어날 수 있으니, 저자가 소개하는 기초 5장, 기본 7장, 심화 8장을 참고하세요.

❷ 상담 의뢰자가 카드 선택하기

기초 배열법을 선택했다면 아래 순서로 안내합니다.

"먼저 시간의 흐름을 3장 선택합니다. 과거, 현재, 가까운 미래입니다."

의뢰자는 상담자의 말에 따라 카드를 선택합니다.

"다음에는 상황 카드와 조언 카드를 선택합니다."

상담자는 카드를 놓은 자리를 손으로 표시합니다. 이때 카드는 장미 문양이 있는 정방향(상담 의뢰자가 장미 문양을 볼 수 있는 방향)으로 놓습니다.

4. 상담 타로 카드 배열 방법

1) 기초 배열 (5장)

① 현재를 중심으로 지난 시간 있었던 일

② 지금 마음 상태 또는 겪고 있는 일

③ 앞으로 나에게 다가올 상황이나 일

④ 과거에서 현재의 일이 있게 된 상황

⑤ 다가올 미래의 상황을 위해 대처하는 방법

» 학생 사례 4번으로 카드를 해석한 예시

Q. 갑자기 전학을 가게 되었는데, 어떻게 해야 할까요?

» 상담 카드 핵심 해석

갑자기 전학을 가게 되어 힘들어하는 학생입니다. 새 학교에 가서 잘 적응할 수 있도록 해석해 줍니다. 조언 카드의 이미지가 부정적 의미로 보이지만(검 9번) 긍정적 의미로 해석하여 이야기합니다. "속상하다고 너무 슬퍼하지 않아도 된다. 지금은 친구와 헤어지는 것이 너무 싫을 거야. 하지만 마지막 카드가 「17. 별」, 희망이 나왔어. 앞으로 좋은 친구들을 만나게 될 거야."

❶ 과거: 「지팡이 9번」 → 힘들게 얻은 결과를 지켰다

❷ 현재: 「0. 순수한 사람」 → 새로운 곳으로 이동한다

❸ 미래: 「17. 별」 → 밝은 미래가 기다린다

❹ 상황: 「15. 악마」 → 불안함에 심리적으로 힘들다

❺ 조언: 「검 9번」 → 힘들어도 감당할 능력이 있다

2) 기본 카드 배열 (7장)

① 현재를 중심으로 지난 시간의 있었던 일

② 지금 마음 상태 또는 겪고 있는 일

③ 앞으로 나에게 다가올 상황이나 일

④ 과거에서 현재의 일이 있게 된 상황

⑤ 다가올 미래의 상황을 위해 대처하는 방법

⑥ ⑦번 최종 예상에 대한 의뢰자의 태도

⑦ 최종 예상

» 학생 사례 7번으로 카드를 해석한 예시

Q. 엄마와 사이가 나빠요. 제가 어떻게 하면 될까요?

» **상담 카드 핵심 해석**

엄마와 갈등 상황으로 힘들어하는 학생의 사례입니다. 엄마와 관계가 좋아질 수 있도록 긍정적으로 해석해 주고, 현재 힘든 상황을 잘 견뎌 낼 수 있도록 상담합니다.

❶ 과거: 「컵 4번」 → 엄마에게 불만이 가득하다

"엄마가 자꾸 잔소리하고 다른 아이와 비교해서 마음에 불만이 가득 찼구나. 아들에게 어떻게 저렇게 말씀하시지?"

❷ 현재: 「컵 5번」 → 실망해서 마음이 아프다

"그런 엄마의 모습을 보면서 너무 실망스러워 마음이 무척 아프구나. 혼자라서 누구에게 말할 형제도 없으니까."

❸ 미래: 「금화 8번」 → 자신의 역할에 집중한다

"엄마의 잔소리가 어쩌면 네가 해야 할 일을 안 해서 그런 건 아닐지 생각해 보렴."

"맞아요. 제가 숙제를 자꾸 미루고 게임을 했어요."

❹ 상황: 「검 왕」 → 본인의 생각만 옳다고 생각한다

"검을 들고 있는 더작왕자가 엄마일 수도 있고 아니면 너일 수도 있어. 서로가 옳다고 주장만 한다면…"

❺ 조언: 「금화 3번」 → 감사를 놓치면 안 된다

"엄마의 하루를 잘 살펴보렴. 힘들게 일해야 하는 상황이잖아. 누구를 위해서 일하시는 걸까? 엄마도 사랑하는 외아들에게 잔소리하고 싶으실까?"

❻ 태도: 「금화 ACE」 → 현재 상황을 살펴보자

"너의 역할과 상황을 깊이 생각하고 행동하렴."

⑦ 최종 예상: 「6. 연인」 → 서로 도와주는 관계를 이룬다

"존중하고 배려하면 좋은 관계로 발전하게 될 거야."

3) 심화 카드배열 (8장)

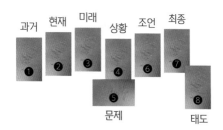

① 현재를 중심으로 지난 시간의 있었던 일

② 지금 마음 상태 또는 겪고 있는 일

③ 앞으로 나에게 다가올 상황이나 일

④ 과거에서 현재의 일이 있게 된 상황

⑤ ④번의 상황이 발생한 문제점 또는 원인

⑥ 다가올 미래의 상황을 위해 대처하는 방법

⑦ 최종 예상

⑧ ⑦번을 위한 앞으로의 의뢰자 태도

Q. 남동생이 너무 싫은데 어떡하죠?

» 상담 카드 핵심 해석

남동생과의 갈등으로 힘들어하는 학생입니다. 남동생과 관계가 좋아질 수 있도록 긍정적으로 해석해 주고 현재 힘든 상황을 견뎌 낼 수 있도록 상담해 줍니다.

① 과거: 「컵 8번」 → 남동생에게 이제 지쳤다

"평소 바쁘신 부모님 대신 남동생을 잘 챙겨 주려고 노력했다. 상담받으면서 조금씩 실행하고 있는데 남동생이 누나 마음도 알지 못하고 말을 안 들어서 화가 나는구나."

② 현재: 「금화 ACE」 → 현재 이익만 생각한다

"너무 말을 안 들으니까 이제는 챙겨 주고 싶지도 않고, 배려하는 것이 손해 본다고 생각하는구나."

③ 미래: 「검 7번」 → 앞뒤 생각 전에 행동이 앞선다

"남동생이 아직 저학년이라 말썽을 많이 부리고 누나의 마음을 이해하기 힘들 거야."

❹ 현재 상황: 「지팡이 시종」 → 참지 못한다

부정 의미로 해석(남동생은 전형적인 저학년으로 참을성이 부족하고, 자신만 생각하며, 주변을 살피지 못한다.)

❺ 문제점: 「2. 고위 여사제」 → 이성적으로만 생각한다

남동생의 언행에 '어떻게 저럴 수 있어?' 판단한다

❻ 조언: 「컵 여왕」 → 남동생을 이해하고 도와준다

❼ 최종 예상: 「4. 황제」 → 안전하게 지켜 준다

"지금은 말썽꾸러기 남동생이지만 성장하면 누나의 멋진 보디가드가 될 거야. 조금만 참고 도와주렴. 너무 힘들면 부모님께 도움을 요청하면 될 거야."

❽ 태도: 「금화 6번」 → 함께 도움을 주고받는다

"지금은 남동생이 어려서 누나의 마음을 이해하기 힘들 수 있어. 조금 더 성장할 때까지 동생을 도와주렴."

5. 상담 타로 카드 공책 활용 사례

진행 중인 상담 내용을 공책에 기록한 것입니다. 저자는 매년 학기 초가 되면 상담 공책을 준비합니다. 표지는 좀 두껍고 내지는 질이 좋은 것으로 선택합니다. 상담이 끝나면 카드를 섞지 않고 그대로 두었다가 공책에 기록해 둡니다. 상담이 진행되는 과정을 살펴볼 수 있도록 현재는 스티커를 활용하여 상담 내용을 한눈에 알아보기 쉽게 하고 있습니다. 1회 상담이 아니라 지속적인 상

담을 해야 하는 상황이라면 스티커 사용을 추천합니다.

▶ 저자가 작성하고 있는 셀프 상담 공책

아침에 일어나 하루를 시작할 때 특별한 날을 제외하고는 매일 실시하고 있는데 좋은 점이 많아 추천합니다. 어느 날은 더 불안하고 걱정되는 날이 있습니다. 혼자 어떻게 해야 할지 난감할 때 상담 카드가 친구가 되었습니다. 긍정 카드가 나오면 힘을 내라고 응원해 주고, 부정 카드가 나오면 토닥토닥 힘내도록 용기를 주었습니다.

▶ 상담 공책에 붙여서 사용하는 타로 스티커

학교 현장에서 또는 가정에서 상담하면서 공책 정리를 해 보니 한눈에 알아볼 수 있는 자료가 필요했습니다. 상담 초기에는 상담이 끝난 후 타로 카드가 배열된 장면을 사진으로 찍어서 컬러 프린트로 출력 후, 오려서 붙였습니다. 매번 그렇게 하다 보니 시간과 노력이 많이 들어서, 상담이 끝나면 바로 붙일 수 있는 스티커가 있으면 좋겠다고 생각해 쥬리 작가님에게 제작을 부탁했습니다. 아래 사진은 메이저 카드와 인물 카드 40장, 숫자 카드 40장이 각각 A4 크기 한 면에 있는 스티커입니다. 필요한 스티커만 한 장씩 떼어서 사용할 수 있습니다.

상담을 진행하다 보면 스티커 몇 장이 반복되어 소진되는 경우가 생깁니다. 같은 이미지의 스티커가 필요했습니다. 4장씩 개별로 제작된 스티커도 제작하게 되었습니다. 상담 내용과 진행 상황에 따라 자유롭게 활용해 보세요.

3장
상담 타로 카드 해석과
그림책 이야기

3장에서는 타로 카드 각각에 대한 해석과 그에 얽힌 더작왕자의 스토리를 소개합니다. 흥미로운 이야기와 함께라면 더 즐겁게 타로 카드를 배울 수 있을 거예요.

0번에서 21번까지 총 22장 카드입니다.

이 카드에는 이름과 번호가 있습니다.

해석이 은유적이고 광범위한 카드입니다.

인생 이야기의 중요한 상황과 흐름을 나타냅니다.

상황과 흐름에 따라 얻는 교훈이 있으며

다양한 인생 경험을 의미합니다.

◆재미있는 더작왕자의 인생 이야기◆

더벅머리 작은 왕자가 0번에서 21번까지

세상을 여행하면서 다양한 인생을 경험합니다.

0번 THE FOOL
순수한 사람

시작, 새로운 도전, 순수함, 욕심 없음
자유로움, 긍정, 준비 부족, 성급함, 행동 먼저

긍정적 의미 해석	• 어린아이처럼 새로운 세상을 경험하기 위해 출발한다. • 스스로에 대한 자신감과 자유로움을 믿고 행동한다. • 낙천적인 생각과 마음으로 매사에 욕심 없이 행동한다. • 마음을 비우고 집착하지 않고 자유롭게 행동한다. • 마음 또는 몸이 있던 곳을 떠나 다른 곳으로 향한다.
부정적 의미 해석	• 준비가 되어 있지 않은 상태로 대책 없이 행동한다. • 마음이 들떠서 한곳에 오래 머무르지 못한다. • 세상 물정을 모르고 너무 순진하다. • 무책임한 행동과 태도로 신뢰를 잃는다. • 남에게 휘둘리고 해야 할 일을 대충대충 한다. • 깊이 생각하지 않고 경솔하며 실수를 많이 한다.
실전 상담 TIP	「0. 순수한 사람」은 어린아이처럼 준비 없이 세상을 경험하기 위해 출발한다는 의미로 해석합니다. 현재 상황이 너무 힘들면 마음을 비우고 새로운 것을 찾아보세요.

1 그림 속에 숨겨진 뜻

「0. 순수한 사람」 카드는 새로운 출발을 상징합니다. 무한한 가능성과 자유를 나타내며 순수함과 자신감으로 행동하는 것을 의미합니다.

2 더작왕자의 인생 이야기 0.

"야호, 드디어 세상 여행 시작이다. 서둘러야 해!"
더작왕자는 너무 기뻐서 콧노래가 저절로 나옵니다.
얼마나 좋았으면 가방이 열린 줄도 모릅니다.
그때 어디선가 강아지가 나타났어요.
"먼 길 떠나는데 준비는 해야지. 뭐가 그렇게 급해?"
"일단 떠날 거야. 세상이 어떤 곳인지 경험할 거야."
더작왕자는 자신감 넘치는 목소리로 단호하게 말합니다.
"열린 가방 좀 봐. 제발 조심해. 발밑은 계단이야."
"그렇게 걱정되면 나를 따라와 봐."
"너를 어떻게 믿고 따라가니?"

1번 THE MAGICIAN
마법사

창조력, 상상력, 자신감, 능력 있는
탁월한 의사소통, 에너지, 거만함, 자만심

긍정적 의미 해석	• 능력을 뽐내면서 세상에 자신의 존재를 드러낸다. • 자신감이 강하고 긍정의 기운이 많다. • 두뇌 회전이 빠르고 자발적으로 행동한다. • 노력한 만큼 이름을 떨칠 기회가 온다. • 독창적이고 다재다능하다. • 무에서 유를 창조하는 원동력이 있다.
부정적 의미 해석	• 지나치게 능력이 뛰어나면 자만해질 수 있다. • 본인의 능력에 심취해서 자신의 단점을 알지 못한다. • 주변의 시샘과 질투의 대상이 될 수 있다. • 내실을 단단히 해야 할 필요가 있다. • 자신만 믿고 힘든 일을 하지 않으려고 한다.
실전 상담 TIP	자신이 정한 목표를 향해 자신감 있게 실행할 수 있는 에너지가 있어 실력을 발휘할 수 있어요. 너무 자만하지 말고 주변을 살피면서 대인관계에 조화를 이룬다면 노력한 만큼 성과가 나타날 것입니다.

❶ 그림 속에 숨겨진 뜻

「1. 마법사」 카드는 창조적 능력을 상징합니다. 하늘로 향한 손은 신으로부터 힘을 받아서 땅에서 일어나는 모든 일을 할 수 있음을 의미합니다.

❷ 더작왕자의 인생 이야기 1.

"와우, 도대체 이게 뭐야? 뭐가 이렇게 많아?"
"아무것도 없이 이 세상 경험은 할 수 없어."
뱀이 혀를 날름거리면 나타나서 말했어요.
"그럼, 뭐가 꼭 필요한 거야?"
"그럼, 이 세상을 경험하려면 준비가 꼭 필요해."
"준비? 아니 나는 괜찮아. 나는 뭐든지 해 볼 거야."
이번에는 여우가 다가와서 조용히 말했어요.
"세상을 경험하려면 앞에 있는 것들을 품고 가야 해."
그때 갑자기 우주의 기운이 휘몰아치더니 더작왕자의 몸속으로 컵, 검, 금화, 지팡이가 빨려 들어갔습니다.

2번 THE HIGH PRIESTESS
고위 여사제

중립, 이성적인 판단, 끈기, 침묵, 침착
평온함, 지혜, 갈등을 중재하는, 인내

긍정적 의미 해석	• 중재하는 능력이 뛰어나고 매사에 공정하다. • 감정에 치우치지 않고 현실적인 면에 집중한다. • 세상을 지성과 이성으로 바라본다. • 현실을 인지하고 확실한 것을 위주로 생각한다. • 힘을 과시하지 않고 조용히 자신을 나타낸다. • 내면을 깊숙이 들여다보라고 한다.
부정적 의미 해석	• 혼자서 감당해야 하는 일이 있다. • 드러내지 못해서 참아야 하니 마음이 힘들 수 있다. • 벗어나고 싶어도 상황이 안 된다. • 자신이 보고 싶은 것만 보려고 한다. • 현실적인 것에만 치우친다.
실전 상담 TIP	속마음을 타인에게 말할 수 없는 상황이라 답답할 수 있어요. 하지만 함부로 말하지 않고 섣불리 행동하지 않으니 침착함을 유지할 수 있는 지혜로움이 있다고 생각하세요. 인내심을 갖고 자신의 마음을 살펴보세요.

❶ 그림 속에 숨겨진 뜻

「2. 고위 여사제」 카드는 이중성을 갖고 조화를 잘 맞추고 있음을 상징합니다. 가진 힘을 드러내지 않으며 직관력이 뛰어난 정신적인 힘을 의미합니다.

❷ 더작왕자의 인생 이야기 2.

더작왕자가 갑자기 두 명이 되었어요. 어떻게 된 걸까요?
"어라, 너 뭐야? 왜 나랑 똑같이 생겼어? 기분 나쁘네. 몸에 걸친 옷은 그게
  뭐냐? 네가 천사라도 되냐? 야, 웃긴다, 웃겨! 지나가는 개가 웃겠다."
"넌 누구니? 너도 나랑 똑같은데 입은 옷이 개성 있네. 머리에 붙은 빨간 색
  뿔도 재미있는데 어디서 났어?"
"쉿, 모두 조용히 하세요."
기도하던 여사제가 눈을 번쩍 뜨며 엄중하게 말했어요.
"서로 누가 누구라고 떠드는 건가요? 한 몸에 있는 두 마음이지. 정신 똑바
  로 차리세요!"

3번 THE EMPRESS
여황제

풍요, 편안함, 부유함, 넉넉함
대가를 바라지 않음, 만족함
소유욕, 실증, 태만, 허영심

긍정적 의미 해석	• 풍요로운 결실을 마음껏 누릴 수 있다. • 편안하게 쉴 수 있는 시기가 다가온다. • 타인과 관계가 매우 긍정적이다. • 지금 상황이 괜찮으니 잠깐 쉬어도 된다. • 감사해야 할 사람이 생길 것이다. • 물질적인 것에 만족감을 느낀다.
부정적 의미 해석	• 현실에 안주하고 게으른 태도로 살 수 있다. • 넘치는 풍요로움과 느긋함에 싫증 난다. • 물질적인 세계에 너무 빠질 수 있다. • 내 것에 대한 소유와 집착이 강할 수 있다. • 타인을 시기 질투하고 허영심이 많다.
실전 상담 TIP	「3. 여황제」는 풍요로움과 편안함을 의미합니다. 현재 갈등 상황이라면 여유롭게 생각하고 넓은 마음가짐으로 베풀고 배려하면서 행동해 보세요. 상대방에게 믿음을 주어 갈등 상황이 의외로 쉽게 풀릴 수 있습니다.

❶ 그림 속에 숨겨진 뜻

「3. 여황제」 카드는 풍요로움을 상징하며 물질적인 충족과 욕구의 만족을 의미합니다. 모성애적인 편안함을 느낄 수 있고 감정적으로도 충만한 상태를 나타냅니다.

❷ 더작왕자의 인생 이야기 3.

"귀엽게 생긴 왕자님이 어디를 헤매고 다닌 거지? 쯧쯧, 뭐 좀 먹으면서 다녀야지. 어서 눈 좀 떠 봐."

더작왕자는 맛있는 과일 냄새를 맡으면서 눈을 떴어요.

"누구세요?"

"보면 모르겠니? 난 풍요로운 대지를 다스리는 여황제야. 배불리 실컷 먹고 기운을 좀 차려 봐."

"네, 잘 먹겠습니다. 고맙습니다!"

더작왕자는 여황제가 베풀어 준 음식을 마음껏 먹었어요.

4번 THE EMPEROR
황제

권위, 안정, 보호, 카리스마, 세속적인 힘
보수적인, 질서, 자기중심적, 독단, 긴장의 연속

긍정적 의미 해석	• 경계하고 신중함이 있어 안정적으로 지켜줄 것이다. • 어려운 상황을 해결할 준비가 되어 있다. • 많은 힘을 가지고 있는 위치이다. • 믿음직하고 책임감이 있다. • 본인이 아니면 해결할 수 없다는 자신감이 넘친다. • 많은 것을 이루게 되고 자수성가한다.
부정적 의미 해석	• 무거운 책임을 유지해야 하는 상황이다. • 책임이 부여되는 것에 부담스러워한다. • 너무 독선적인 자세를 갖고 있다. • 가진 것을 지키기 위해 불안하게 될 것이다. • 타인의 의견을 받아들일 줄 모른다.
실전 상담 TIP	「4. 황제」는 감성보다는 이성을 강조한다는 것을 의미합니다. 너무 합리적이라 거부감을 느낄 수 있지만 현명하고 사리 분별을 잘하는 것이 특징입니다. 상황이 어렵다면 상대방에게 도움을 받을 수 있으니 부탁해 보세요.

❶ 그림 속에 숨겨진 뜻

「4. 황제」 카드는 남성성과 사회적으로 인정받은 권력을 상징합니다. 큰 양 모양 왕좌는 투쟁심과 야심을 나타내고 강한 리더십을 나타냅니다.

❷ 더작왕자의 인생 이야기 4.

더작왕자는 풍요로운 대지를 떠나 먼 곳까지 왔어요.
'이곳이 좋겠다. 오늘 밤에는 이곳에서 자고 가야지. 어두워지기 전에 빨리 텐트를 쳐야겠어. 그런데 이곳은 나무도 없고 좀 삭막하네?'
불안에 떨며 두리번거리는데 어디선가 목소리가 들렸어요.
"불안해하지 마. 내가 지켜 줄 테니 두려워 말고 푹 자. 난 이곳을 다스리는 황제야. 내 백성은 모두 안전해."
"황제님, 고마워요. 오늘 밤 안전 부탁드립니다. 그렇게 계속 지키시려면 힘 들지 않으세요? 그런데 황제님은 언제 주무세요?"

5번 THE HIEROPHANT
조언자

정신적 지도자, 교육, 전문가, 가르치는 사람
신뢰, 선택의 문제가 생김, 고지식함

긍정적 의미 해석	• 현명한 사람을 찾아가서 조언을 구한다. • 도움을 줄 수 있는 사람이 나타난다. • 당장은 이득이 없으나 가치 있는 일이다. • 누군가에게 정신적 위안을 줄 것이다. • 다른 사람을 진심으로 돕는다. • 자신이 원하는 해답은 스스로 찾아야 한다.
부정적 의미 해석	• 갈등과 선택 상황에 놓이게 된다. • 고지식하게 바른 것만 실행하는 사람이다. • 늘 타인에게 신경 쓰느라 자신을 챙기지 못한다. • 오래된 원리와 원칙에 집착한다. • 항상 주변을 생각하기에 가까이 있는 것에는 소홀하다.
실전 상담 TIP	「5. 조언자」 카드는 정신적인 도움을 줄 수 있는 조언자이며 전통을 준수하고 도덕적인 것을 중요하게 여깁니다. 문제 해결에 융통성이 없어서 좀 답답할 수도 있지만 어려운 선택을 할 때 도움이 될 것입니다.

❶ 그림 속에 숨겨진 뜻

「5. 조언자」 카드는 정신적인 조언을 할 수 있는 사람을 상징하며 전문적인 지식이 있는 사람, 교육자, 전통을 강조하는 사람을 의미합니다.

❷ 더작왕자의 인생 이야기 5.

더작왕자는 황제가 있는 곳에서 서둘러 떠났어요.

그곳에 계속 있다가는 숨이 막힐 것 같았거든요.

더작왕자는 지도를 한참 동안 살펴보며 생각했어요.

'여기가 어디지? 이번에는 어디로 가 볼까? 저기 계시는 어르신께 물어봐야 겠다.'

"안녕하세요? 저는 세상 여행을 하는 더작왕자입니다. 이곳으로 가고 싶은 데 어느 길로 가야 하나요?"

"그곳은 이쪽 넓은 길로 가야 해. 그래야 안전해."

"아니, 저는 거기 말고 이 길로 가고 싶어요. 사막도 보고, 나무도 보고, 꽃도 보면서 갈 거예요."

"안 돼, 그곳으로 가면 위험해! 이 길로 가라니까."

6번 THE LOVERS
연인

사랑, 순수한 기분, 좋은 관계, 탁월한 선택
변화의 시작, 유혹, 들뜸, 분별이 잘 안 됨

긍정적 의미 해석	• 꿈결 같은 기분에 행복감을 느낀다. • 좋아하는 만큼 온 마음을 다한다. • 새로운 시작에 대한 기대감이 생긴다. • 결과에 대한 기대감이 있고 분위기가 좋다. • 좋은 인연을 만나게 된다. • 긍정적인 상황에서 서로 도와주는 관계를 이룬다.
부정적 의미 해석	• 선택에 어려움이 있어 우유부단한 상황에 빠진다. • 지나치게 몰두하느라 다른 일들을 소홀히 한다. • 맹목적인 감정에 빠져서 상황에 대한 분별이 잘 안된다. • 집중할 수 없는 환경으로 들떠 있다. • 거부할 수 없는 유혹에 빠진다.
실전 상담 TIP	「6. 연인」 카드는 사랑을 의미합니다. 또한 선택이 따르는 상황이 생겨 신중하게 생각하고 판단해야 합니다. 한곳에 머물러 있을 수는 없으므로 미래를 생각해 보고 후회를 줄일 수 있는 현명한 방법을 선택해 보세요.

❶ 그림 속에 숨겨진 뜻

「6. 연인」 카드는 사랑과 연관된 의미로 좋은 인간관계를 의미합니다. 인생에서 성숙한 관계 또는 중요한 선택을 해야 하는 상황을 나타냅니다.

❷ 더작왕자의 인생 이야기 6.

'난 용기 있는 더작왕자야. 위험하더라도 도전해 보겠어.'
마음을 단단히 먹고 좁은 길을 선택해서 걸어갔어요.
한참을 걸어가다가 언덕에 활짝 핀 장미를 발견했어요.
"와~ 너무 예쁘다. 음~ 향기도 너무 좋아. 넌 누구니?"
"나를 몰라보다니, 나를 모르는 넌 도대체 누구니?"
"난 세상 경험을 하는 더작왕자야. 만나서 반가워!"
"난 세상에서 가장 예쁜 꽃, 장미라고 해."
더작왕자는 장미꽃의 아름다움에 푹 빠졌어요.
"햇볕이 너무 뜨거워. 그늘을 만들어 줘. 얼굴이 가려우니까 쓰다듬어 줘. 바람을 막아 줘."

7번 THE CHARIOT
추진력

목표를 향해 돌진, 강한 의지, 어려움 극복
용기, 도전, 수단과 방법을 가리지 않음

긍정적 의미 해석	• 매사에 과감하게 앞으로 도전한다. • 본인의 능력을 믿고 속도를 낸다. • 어려움을 극복하고 좋은 결과를 얻는다. • 활력이 넘치고 하는 일에 자신감 있게 행동한다. • 갈등 상황을 해소하며 앞으로 나간다. • 두 가지 다른 일을 동시에 할 수 있는 능력이 있다.
부정적 의미 해석	• 목표한 것에 수단과 방법을 가리지 않고 행동한다. • 앞에 닥친 상황에만 몰입하고 나머지는 관심 없다. • 본인의 능력만 믿고 지나치게 행동한다. • 주변을 둘러보지 않고 앞만 보고 간다. • 자신에게 벅찬 상대가 등장한다.
실전 상담 TIP	「7. 추진력」 카드는 적극적으로 행동하는 것을 의미합니다. 현재에 머물러 있지만 말고 움직이는 것이 더 좋지만, 속도만 생각한다면 목표에서 벗어날 수 있습니다. 주변의 상황을 잘 살피면서 속도를 적절히 조절하세요.

❶ 그림 속에 숨겨진 뜻

「7. 추진력」카드는 적극적으로 목표를 향해 강한 의지력으로 실행하는 것을 의미합니다. 뜻을 이루고야 말겠다는 각오를 하고 목표 달성을 위해 앞만 보고 나아감을 나타냅니다.

❷ 더작왕자의 인생 이야기 7.

더작왕자는 더 이상 장미가 있는 곳에 머물 수가 없었어요.

이거 해 달라 저거 해 달라는 장미의 요구에 지쳤거든요.

"장미야, 난 이제 이곳을 떠나야 해. 세상 여행을 계속하고 싶거든. 많은 걸
경험하고 싶어."

"뭐? 나를 두고 떠난다고? 그럼, 누가 나를 돌봐 줘?"

장미는 훌쩍거리며 눈물을 흘렸어요.

더작왕자는 발길이 떨어지지 않았지만 전속력으로 마차를 몰아 그곳을 빠져나왔어요.

8번 STRENGTH
힘

마음을 다스림, 외유내강, 확신
부드러운 카리스마, 인내심
시간이 필요함, 역경을 이겨 냄

긍정적 의미 해석	• 부드러운 카리스마를 갖고 어려움을 이겨 낸다. • 마음속 부정적인 것들을 자제하는 능력이 뛰어나다. • 신념과 확신으로 모든 어려움을 견뎌 낸다. • 잠재된 능력을 믿고 현실을 견딜 수 있다. • 기회가 올 때까지 시간이 걸리더라고 참고 이겨 낸다. • 내면적으로는 두려움이 있지만 자신감이 더 강하다.
부정적 의미 해석	• 능력과 잠재력은 충분한데 지나치게 신중하다. • 인내하는 시간이 길어서 적절한 시기를 놓친다. • 어려움이 있더라도 서두르지 말아야 한다. • 과정에만 너무 집중한다. • 어렵고 힘든 과정을 선택해서 시간이 걸린다.
실전 상담 TIP	「8. 힘」 카드는 외적인 힘이 아니라 정신적인 힘을 나타내는 내적인 힘을 의미합니다. 문제 해결 방법을 외부에서만 찾지 말고 내적인 심리 상태를 차분히 살펴보고 현명한 방법을 찾아서 스스로 잘 조절 해 보세요.

❶ 그림 속에 숨겨진 뜻

「8. 힘」 카드는 외유내강을 상징합니다. 용기를 갖고 역경을 이겨 내는 강인함을 의미합니다. 힘든 상황을 인내와 노력으로 견뎌 내야 함을 나타냅니다.

❷ 더작왕자의 인생 이야기 8.

마차를 타고 도착한 곳에 코끼리가 있었는데 성난 코끼리가 성큼성큼 사방을 두리번거리고 있었어요.

더작왕자는 커다란 코끼리 발에 밟힐까 봐 두려웠지만 조심조심 코끼리 주변을 맴돌면서 살폈어요.

'어떻게 하면 코끼리와 친해질 수 있을까? 코끼리를 타고 가면 먼 길도 갈 수 있을 텐데.'

코끼리와 친구가 되기까지 긴 시간이 필요했지만 힘든 시간을 견뎌 내고 드디어 코끼리와 친구가 되었어요.

더작왕자는 코끼리 귀를 부드럽게 쓰다듬으며 속삭였어요.

"친구야, 이제 우리 어디로 가 볼까?"

9번 THE HERMIT
성찰하는 사람

탐구, 도달, 완성, 사려 깊은, 집중, 내적인 성찰
깨달음, 신중함, 자신만의 세계에 빠짐

긍정적 의미 해석	• 세상을 꿰뚫어 보는 안목이 있다. • 특정 분야에 깊이 파고드는 전문가다. • 감정을 억제할 줄 알고 생각을 깊이 한다. • 지적인 면에서 뛰어나 아는 것이 많다. • 혼자만의 시간을 갖는다. • 사람들에게 알리지 않고 혼자 비밀스럽게 한다.
부정적 의미 해석	• 현실을 마주하지 않고 고독을 자처한다. • 외톨이로 남의 일에 관심이 없다. • 소극적이고 이기적이며 자신의 길만 걷는다. • 심리 상태가 편안하지 않아 모든 것이 귀찮다. • 자신만의 고집이 있어서 대화가 잘 이루어지지 않는다.
실전 상담 TIP	「9. 성찰하는 사람」 카드는 혼자 외롭게 현실적인 것을 외면하는 사람이 아닙니다. 성찰하는 시간이 지나면 다시 제자리로 돌아옵니다. 문제를 성급하게 해결하기 전에 신중함이 필요하니 충분히 생각할 시간을 가져야 합니다.

❶ 그림 속에 숨겨진 뜻

「9. 성찰하는 사람」 카드는 내면의 성찰을 상징합니다. 진정한 인생의 목표를 외부에서 찾지 않고 자신의 내부에서 찾는 것을 의미합니다. 외로움이 아닌 나만의 길을 찾아가는 것입니다.

❷ 더작왕자의 인생 이야기 9.

더작왕자는 코끼리와 가다가 높은 산 앞에 도착했어요.
산이 높아서 몸집이 큰 코끼리는 올라갈 수가 없었어요.
하지만 더작왕자는 정상에 올라가고 싶었어요.
결국 코끼리를 두고 혼자 올라가기로 결심했어요.
긴 지팡이와 다른 한 손에는 랜턴을 들고 올라갔어요.
'아, 힘들다. 끝까지 올라가야 해. 드디어 정상인가?'
너무 어두워서 앞이 보이지 않았어요.
'이곳이 정상은 아니구나. 저곳은 더 높은 것 같은데? 이 세상이 어떤 곳인지 아직도 모르겠어...'

10번 THE WHEEL
새로운 기회

이동과 변화, 새로운 시작, 상승기, 행운
전환기, 경험과 공부로 얻을 수 있음

긍정적 의미 해석	• 자연적인 흐름을 따라가게 될 것이다. • 상승기를 타고 상황이 좋아질 것이다. • 운이 따르고 하는 일이 잘된다. • 배움을 통해 한 단계 향상되어 새로이 시작한다. • 해야 할 일을 묵묵히 하면 노력한 만큼 결실이 있다. • 자신이 계획한 일을 실행할 타이밍이 좋은 시기이다.
부정적 의미 해석	• 자연스러운 변화가 차단된다. • 피할 수 없는 일이 생긴다. • 알 수 없는 상황에 휩쓸리게 된다. • 계속 노력하고 있는데 당장 결과가 나오지 않는다. • 상황 전개가 자연스럽지 않고 불리하다.
실전 상담 TIP	「10. 새로운 기회」 카드는 찾아온 기회, 즉 긍정적 변화를 나타냅니다. 적극적으로 준비하고 노력한다면 힘든 일도 거뜬하게 견뎌 낼 것입니다. 앞과 뒤의 카드 배열 위치와 연결하여 앞으로 다가올 상황을 긍정적으로 읽어 줍니다.

❶ 그림 속에 숨겨진 뜻

「10. 새로운 기회」 카드는 순환과 반복을 의미합니다. 어떤 상황의 전환점, 자연스러운 좋은 결과, 새로운 시작을 나타냅니다. 이동에 긍정적인 의미를 담고 있습니다.

❷ 더작왕자의 인생 이야기 10.

더작왕자는 아침 일찍 산에서 내려와서 다시 짐을 쌌어요.

이 세상을 더 자세히 알고 싶어서 밤새 잠을 못 잤거든요.

출발하려는 순간 갑자기 하늘에 구름이 나타났어요.

지난번 더작왕자 가슴속으로 빨려 들어갔던 컵, 검, 지팡이, 금화가 구름 위에 둥실둥실 떠 있어서 깜짝 놀랐어요.

"더작왕자, 나를 먼저 잡아 봐. 이 세상을 알려 줄게."

"저리 비켜. 나를 먼저 잡아. 내가 잘 알려 줄게."

서로 자기를 먼저 잡으라고 난리가 났습니다.

"그만해. 난 너희들보다 먼저 경험할 것이 있어."

11번 JUSTICE
정의

공평함, 균형 잡힌, 합리적, 단호한 결정
과도한 공정, 엄격, 조정 역할, 결단의 시기

긍정적 의미 해석	• 객관적인 결단을 해야 할 시기가 온다. • 자신을 스스로 보호하려면 균형을 맞춰야 한다. • 균형을 이루기 위해 신중하게 생각한다. • 냉정함과 열정이 공존한다. • 깊이 생각한 만큼 현명한 결론을 얻는다. • 흔들리지 않고 모든 것을 정확하게 처리한다.
부정적 의미 해석	• 지나치게 엄격하여 상황을 힘들게 한다. • 시시비비를 가려야 할 어려운 문제가 발생한다. • 양쪽을 생각하며 긴 시간 조정하느라 답답할 수 있다. • 힘든 상황을 빨리 끝내고 싶은 마음이 있다. • 문제가 발생하여 심리적으로는 편한 상황은 아니다.
실전 상담 TIP	「11. 정의」 카드는 감정적이지 않은 합리적인 판단을 나타냅니다. 갈등 상황에서는 자신이 불리할 수도 있습니다. 감정에 휘둘리지 않고 정확하게 판단하기는 어렵습니다. 스스로 객관적인 입장에서 깊이 생각하고 행동하세요.

1 그림 속에 숨겨진 뜻

「11. 정의」카드는 공평을 상징하는 것으로 어느 한쪽에 치우침이 없음을 상징합니다. 사사로운 감정이 없는 합리적이고 조화로운 균형을 의미합니다.

2 더작왕자의 인생 이야기 11.

"이곳은 어디지? 내가 왜 이곳에 앉아 있지? 내가 들고 있는 이건 또 뭐야?"
더작왕자는 앉아 있는 의자와 들고 있는 저울이 이상해서 눈이 휘둥그레졌어요.
"공평해야 해. 균형을 잡아야 하니까 중심 잡아."
"깜짝이야, 너는 지난번에 봤던 여우 맞지?"
"그래, 기억하는구나. 앞으로 가끔 너에게 나타날 거야."
"왜 균형을 잡아야 하는 거야? 왜 중심을 잡아야 해?"
"이 세상에는 그런 일들이 참 많아. 그래서 그래..."

12번 THE HANGED MAN
매달린 사람

정지 상태, 신중함, 인내, 반성, 과도기, 희생
시련의 시기, 관점 바꾸기, 내면의 힘 집중

긍정적 의미 해석	• 자신이 처한 현재 상황을 마주하고 냉정하게 바라본다. • 지금까지 내가 본 시각을 다른 시각으로 바라본다. • 스스로 선택한 고행이니 견뎌 낼 것이다. • 내면의 힘에 집중하며 가치 있는 시련의 시간을 보낸다. • 희생에 대한 가치를 부여하고 인내하며 기다린다. • 진정한 가치를 얻기 위해 꼭 경험해야 할 단계다.
부정적 의미 해석	• 저항해도 상황이 달라지지 않는다. • 속박되고 답답한 상황이라 어쩔 수 없다. • 고정된 틀에서 벗어나기 힘든 상황이다. • 스스로 할 수 있는 일이 많지 않다. • 이러지도 저러지도 못한다.
실전 상담 TIP	「12. 매달린 사람」 카드가 나오면 매달린 모습을 살펴보라고 합니다. 거꾸로 매달리면 힘들 텐데 그런 표정이 아닙니다. 시선을 바꿔서 보면 전에 몰랐던 것을 찾을 수 있어요. 성급하게 행동하지 말고 시간을 갖고 기다려 보세요.

1 그림 속에 숨겨진 뜻

「12. 매달린 사람」 카드는 정지 상태로 일의 추진에 정체 시기를 의미합니다. 본인 스스로 신중한 상황을 만든 것입니다. 내면의 힘에 집중하는 인내와 반성을 나타냅니다.

2 더작왕자의 인생 이야기 12.

더작왕자는 여우가 한 말을 깊이 생각해 봤어요.
'중심을 잡으라는 게 도대체 뭘까? 무엇이 공평해야 된다는 걸까?'
깊이 생각하며 그동안 경험했던 것을 떠올려 보았어요.
'이 세상은 풍요로움도 있고, 힘 있는 사람도 있고, 알려 주는 사람도 있고, 가슴 설레는 사랑도 있고, 힘든 것도 견뎌야 하는 것도 있었지.'
하지만 아무리 생각해도 알 수가 없었어요.

13번 DEATH
과거의 단절

나쁜 상황 끝냄, 힘든 시간, 예기치 않은 손실
집착을 버림, 뜻하지 않은 변화, 받아들임

긍정적 의미 해석	• 과거에 연연하지 않고 새로이 시작한다. • 좋지 않았던 상황을 끝내고 마음을 정리한다. • 뜻하지 않은 변화에 새로운 것을 수용한다. • 안 좋았던 타성에서 탈출하여 기적적인 회복을 한다. • 사람들과의 관계에 커다란 변화를 겪게 된다. • 낡은 것을 버리고 자기를 변화할 수 있는 기회다.
부정적 의미 해석	• 저항해도 상황이 달라지지 않는다. • 속박되고 답답한 상황이라 어쩔 수 없다. • 고정된 틀에서 벗어나기 힘든 상황이다. • 스스로 할 수 있는 일이 많지 않다. • 이러지도 저러지도 못한다.
실전 상담 TIP	「13. 과거의 단절」 카드가 나오면 부정적 이미지가 떠오르지만 죽음이 아니라 새로운 시작을 알리는 과거의 마무리를 나타냅니다. 부정적인 과거의 것들을 과감하게 버리고 긍정적 변화를 위해 새롭게 시작하세요.

❶ 그림 속에 숨겨진 뜻

「13. 과거의 단절」 카드는 과거의 힘든 상황을 정리하고 새로운 시작을 상징
합니다. 종결이 있어야 새로운 것을 시작할 수 있다는 의미입니다.

❷ 더작왕자의 인생 이야기 13.

"아무것도 할 수 없어. 내 몸이 왜 이런 거야?"

더작왕자는 어딘가에 갇혀서 꼼짝도 할 수 없었어요.

"끝이 있어야 새로운 시작을 할 수 있는 거야."

여우가 단호하게 말했어요.

더작왕자는 어떤 말도 할 수가 없었어요.

옆에 있던 뱀이 혀를 날름거리며 말했어요.

"네가 여황제의 풍요로움과 장미의 유혹에서 과감히 빠져나오지 않았다면
어떻게 되었을까?"

"음... 지금처럼 여행은 할 수 없었겠지."

14번 TEMPERANCE
절제

조화, 균형, 중재자, 인내, 자기 통제, 타협
절충안, 수용, 타인과 원활한 교류

긍정적 의미 해석	• 새로운 것을 받아들인다. • 절충과 타협을 통해 균형을 찾는다. • 관계 형성에서 마음이 잘 통한다. • 서로의 노력으로 화해하게 된다. • 견디는 힘을 믿고 지금을 잘 참고 있다. • 자기 통제와 부단한 자기관리로 목표를 달성한다.
부정적 의미 해석	• 내가 하고 싶은 대로 할 수가 없다. • 상대방과 어울리지 못하고 인내가 부족하다. • 참아야 하는데 내 뜻대로 할 수가 없다. • 적절하게 균형을 맞추지 못하고 한쪽에 치우친다. • 절제하지 못해 자신에게 좋지 않은 일이 생긴다.
실전 상담 TIP	「14. 절제」 카드가 나오면 나와 주변을 살펴보라고 합니다. 힘든 상황이 어쩌면 어느 한쪽에 치우친 것은 아닌지 말입니다. 내 생각과 타인 생각, 내 감정과 이성적인 균형이 잘 맞는지 깊이 생각해 보고 언행을 신중하게 해야 합니다.

❶ 그림 속에 숨겨진 뜻

「14. 절제」 카드는 일과 관계에 있어서 적절한 조화와 균형을 상징합니다.
한쪽에 치우치지 않도록 인내하며, 타협하고, 통제하라는 의미입니다.

❷ 더작왕자의 인생 이야기 14.

'나에게 두 마음이 있다는 것을 받아들였다면 여황제도 황제도 조언자도 이
해할 수 있었을 거야. 그리고 장미와 더 잘 지낼 수 있었을 거야. 코끼리도
그냥 혼자 내버려 두지 않았을 거야.'
더작왕자는 차분히 자신의 마음을 어루만졌어요.
'그래, 나만 생각했던 거야. 그래서 그렇게 된 거야. 내 생각만 하면 안 되는
거야. 그래야 하는 거야.'

15번 THE DEVIL

악마

타락, 집착, 속박, 파괴, 중독, 쾌락
황폐한 생활, 거짓말, 빠져나가기 힘든 유혹, 구속

긍정적 의미 해석	• 구속에서 벗어난다. • 공포심을 극복하려 노력한다. • 유혹을 물리친다. • 나쁜 관계에서 벗어난다. • 집착을 버리고 다시 태어난다. • 마음속 악마와 싸운다.
부정적 의미 해석	• 정신적 육체적 중독 상태. • 고집을 부리고 집착하는 마음이 가득하다. • 쉽게 빠져나오지 못한다. • 벗어나기 어려운 관계가 될 수 있다. • 불안함에 심리적으로 힘들다.
실전 상담 TIP	「15. 악마」 카드는 어느 것에 묶여 있는 상태를 나타냅니다. 눈에 보이지 않는 마음의 상태 또는 신체적으로 느끼는 중독을 의미합니다. 현재 상황이 힘들다면 자신이 처한 상황을 정확히 파악하여 용기를 내서 벗어나야 합니다.

❶ 그림 속에 숨겨진 뜻

「15. 악마」 카드는 유혹과 타락을 상징합니다. 균형을 이루지 못하고 욕망이나 탐욕으로 한쪽에 너무 치우침을 의미합니다. 중독 문제 또는 부정적인 상황을 나타냅니다.

❷ 더작왕자의 인생 이야기 15.

더작왕자는 지난 경험을 떠올리며 속상해했어요.

자신이 했던 말과 행동 때문에 괴로웠어요.

'그냥 잊어버려야 해. 지난 일이잖아. 에이, 모르겠다. 요거 재미있는데 이거나 봐야지.'

더작왕자는 운전대를 놓고 영상 보는 것에 빠졌어요.

긴급한 상황이 벌어졌는데도 전혀 모르고 말이죠.

그때 갑자기 코끼리가 나타났어요.

그런데 예전의 다정했던 코끼리 모습이 아닙니다.

16번 THE TOWER
위기

고난, 뜻밖의 사고, 역경, 결정적 타격
신념의 파괴, 과도한 욕심, 관계의 결별

긍정적 의미 해석	• 충격으로 파격적인 변화가 생긴다. • 큰 변화를 경험하게 된다. • 기존에 있던 세상에서 탈출한다. • 새로운 가치관이 생긴다. • 익숙한 세상과 작별하고 새로운 것을 받아들인다. • 부정적인 감정에서 해방되어 마음이 후련해진다.
부정적 의미 해석	• 예상하지 못했던 충격으로 마음이 심란하다. • 긴박한 상황으로 어떻게 해야 할지 고민에 싸인다. • 계획이 어긋나고 약속이 깨진다. • 안전한 상황이 파괴되었다. • 싫어도 이제는 무조건 변해야 한다.
실전 상담 TIP	「16. 위기」 카드는 예상하지 못했던 문제 상황이나 변화를 의미하며 피할 수 없는 힘든 상태를 나타냅니다. 부정적인 생각보다는 현실을 받아들이고, 이 시기가 잘 지나가도록 현명한 선택을 하고 신중하게 행동해야 합니다.

❶ 그림 속에 숨겨진 뜻

「16. 위기」 카드는 자기 욕망, 오래된 신념, 욕심이 파괴되는 것을 상징합니다. 문제의 상황이 위기를 맞거나 갑작스러운 큰 변화를 나타냅니다.

❷ 더작왕자의 인생 이야기 16.

성난 코끼리는 더작왕자를 자동차에서 끌어내어 등에 태우고 이리 뛰고 저리 뛰며 날뛰었어요.

"산 밑에서 너를 얼마나 기다렸는데, 네가 위험할까 봐 얼마나 걱정한 줄 알기나 해?"

"그만 해. 그때 금방 내려가려고 했어. 그런데 어두워져서 금방 내려갈 수가 없었어…"

코끼리는 너무 화가 나서 듣지 않았어요.

결국 더작왕자는 코끼리 등에서 떨어지고 말았어요.

바닥으로 떨어진 더작왕자는 정신을 잃었어요.

17번 THE STAR
별

희망, 소망의 성취, 행운, 기대, 새로운 시작
밝은 전망, 확신, 감정적인 안정, 도움을 받음

긍정적 의미 해석	• 밝은 미래가 기다린다. • 멀리 보고 꿈을 갖는다. • 화해하고 더 발전적으로 전개된다. • 스스로에 대한 믿음이 절실하다. • 긍정적인 자세로 온 마음을 다해 집중한다. • 어려움을 헤쳐 나갈 안내자가 나타난다.
부정적 의미 해석	• 목표를 분명하게 세워야 한다. • 당장 욕심을 내면 안 된다. • 과거에 연연해 말고 새롭게 시작해야 한다. • 지나치게 감정에 빠지면 안 된다. • 희망이 실망으로 변한다.
실전 상담 TIP	「17. 별」 카드는 희망을 의미하며 희망찬 미래를 나타냅니다. 타인과의 갈등 상황으로 힘들다면 곧 해결될 것입니다. 어떤 목표를 향해 노력하는 상황이라면 곧 좋은 결과를 얻게 될 것입니다. 끝까지 최선을 다하세요.

❶ 그림 속에 숨겨진 뜻

「17. 별」 카드는 새로운 시작과 희망을 상징합니다. 앞으로 계획된 일이 잘 이루어질 것이라는 새로운 희망과 다가올 미래에 대한 긍정적인 결과를 나타냅니다.

❷ 더작왕자의 인생 이야기 17.

"이봐, 눈 좀 떠 봐."

여우가 더작왕자를 흔들어 깨웠어요.

더작왕자는 성난 코끼리가 있는지 먼저 살폈어요.

"걱정하지 마. 이곳에 성난 코끼리는 없으니까. 진정하고 저기 떠 있는 반짝이는 별을 봐."

"와, 너무 아름다워. 저 별을 보니 마음이 편안해."

그때 더작왕자 곁으로 뱀이 다가와서 말했어요.

"주는 만큼 받을 수 있는 거야. 받은 만큼 주는 거야. 그런데 그렇게 하면 안되는 것도 있지..."

18번 THE MOON

달

불안함, 걱정, 고민, 강박관념
알지 못하는 주변 상황, 혼란
좋지 않은 상황에 대비

긍정적 의미 해석	• 위기를 모면하고 오해가 풀린다. • 불분명한 주변 문제의 상황에서 벗어난다. • 현실을 마주하고 상황을 파악한다. • 애매모호한 상황을 어떻게든 벗어나려 한다. • 상황은 좋지 않지만 견디면서 가야 한다. • 반드시 경험하고 앞으로 나아가야 하는 길이다.
부정적 의미 해석	• 환상을 통해 현실을 본다. • 불안해도 가야 하는 길이라 더욱 두렵다. • 숨기고 있어 막연하고 답답하다. • 현실은 힘들고 괴롭기만 하다. • 예기치 못한 상황이 발생할 수 있으니 대비해야 한다.
실전 상담 TIP	「18. 달」 카드의 그림을 보면 목적지로 가는 길이 힘들다는 것을 알 수 있습니다. 주변 상황이 어려워도 용기를 내어 조금씩이라도 실행한다면 결국 도달할 수 있을 겁니다. 상황을 파악하고 신중하게 실행하는 것이 중요합니다.

❶ 그림 속에 숨겨진 뜻

「18. 달」 카드는 앞으로의 일을 알지 못하는 상황에서 불안함, 걱정, 두려움 등 무의식을 상징합니다. 불명확한 상황으로 혼란스럽고 고민되는 것을 의미합니다.

❷ 더작왕자의 인생 이야기 18.

"그렇게 하면 안 되는 게 뭐야? 똑같이 주고받으면 되는 거잖아. 나 그것 알아. 해 봤다니까. 공평한 것 안다니까."

더작왕자가 말을 시작하자 주변이 갑자기 어두워지면서 여우와 뱀은 어디론가 사라졌어요.

'어, 또 혼자네. 여기는 어디지? 좀 으스스한데? 뭔가 나타날 것 같아. 이상한 소리도 들리는 것 같고. 길이 하나밖에 없네. 어쩔 수 없이 이 길로 가야 하나?'

19번 THE SUN
태양

자신감, 열정, 순수함, 에너지, 새로운 시작
활기찬, 기쁨, 방심하지 말 것, 보호와 감시

긍정적 의미 해석	• 일이 잘 진행되고 앞으로가 더 기대된다. • 앞으로 다가올 성공을 암시한다. • 열정적인 에너지가 생기기 시작한다. • 좋은 기운이 감돌고 기쁜 일들이 생긴다. • 고난이 끝나고 상황이 호전된다. • 노력의 성과를 얻어 미래의 가능성이 나타난다.
부정적 의미 해석	• 열정만 믿지 말고 차분하게 계획을 세워야 한다. • 주변을 살펴보고 더 세심한 주의가 필요하다. • 기쁨 속에서도 시련을 잊으면 안 된다. • 자신감이 앞서 위태로운 상황을 인지하지 못한다. • 권위적인 사람의 보호와 지시를 받게 된다.
실전 상담 TIP	「19. 태양」 카드는 긍정적인 카드로, 성취와 문제해결을 의미합니다. 밝은 분위기의 배경과 환하게 웃고 있는 표정에서 기쁨을 나타내기도 합니다. 곧 일이 순조롭게 해결되어 노력의 결실이 이루어질 것이니 조금만 더 힘을 내세요.

❶ 그림 속에 숨겨진 뜻

「19. 태양」 카드는 생동감이 있는 긍정 분위기로 자신감과 활동력을 상징합니다. 적극적인 자신감으로 문제 상황을 해결해서 좋은 결과를 얻게 됨을 나타냅니다.

❷ 더작왕자의 인생 이야기 19.

더작왕자는 용기를 내서 두려움을 견뎌 내며 걸어갔어요.

희미하게 비추었던 달은 어느새 태양의 빛으로 바뀌었어요.

"야호, 드디어 태양이 나왔다. 내 차도 여기에 있네. 해바라기도 예쁘게 활짝 피었어."

더작왕자는 너무 좋아서 소리를 질렀어요.

"조심해. 항상 앞을 살펴야 하는 거야."

여우가 안전벨트를 매면서 단호하게 말했어요.

20번 JUDGEMENT
노력의 결과

위기 탈출, 새로운 삶의 시작, 뿌린 대로 거둠
벗어남, 노력해야 결과를 얻음

긍정적 의미 해석	• 그동안 힘들었던 부정적 감정이 해소된다. • 과거의 집착에서 벗어난다. • 무거운 짐을 내려놓고 재도전의 기회를 잡는다. • 긍정적인 변화로 결과가 좋아진다. • 고통을 이겨 내고 깨달음을 얻게 된다. • 힘든 상황이 있지만 견뎌 내면 좋은 결실이 있다.
부정적 의미 해석	• 선택을 기다리는 마음이 불안하다. • 과거에 집착하여 앞으로 나가지 못한다. • 절호의 기회만을 기다리다 시간만 허비한다. • 적당한 때를 놓친다. • 힘든 과정을 견디지 못하면 보상받지 못한다.
실전 상담 TIP	「20. 노력의 결과」 카드는 자신이 그동안 해왔던 모든 것에 대해 심판받는다는 것을 의미합니다. 지난 과정에서 열심히 했다면 좋은 결과를 받게 될 것이고, 그렇지 않았다면 반성하고 좋은 결과를 위해 다시 열심히 노력해야 합니다.

❶ 그림 속에 숨겨진 뜻

「20. 노력의 결과」 카드는 0번부터 시작한 여정을 마무리하면서 그에 따른
결과를 상징합니다. 그동안 과정이 좋았다면 좋은 결과와 성과가 있음을 나
타내는 인과응보의 카드입니다.

❷ 더작왕자의 인생 이야기 20.

"알겠어. 나도 안전벨트 했어. 안전하게 운전할 거야."
갑자기 모래바람이 불었어요.
그런데 그건 모래바람이 아니라 코끼리 무리였어요.
"저기 성난 코끼리 떼가 몰려오는데 어쩌지?"
"염려하지 마. 자, 단단히 꼭 잡아."
더작왕자는 태양이 떠오르는 곳을 향해 속도를 냈어요.
붉은 태양이 달려오는 자동차를 빨아들였어요.

21번 THE WORLD
새로운 경험 시작

깨달음을 통한 완성, 발전, 성취감
목표 달성, 문제해결, 새로운 도전

긍정적 의미 해석	• 그동안 해왔던 일들이 긍정적으로 마무리된다. • 목표를 달성하고 긍정적인 변화에 만족한다. • 배움을 통한 완성으로 주변의 칭찬을 받는다. • 목표를 이룬 결과로 많은 이들의 주목을 받게 된다. • 기반이 단단한 상황에서 새로운 도전을 하게 된다. • 더 높은 것을 목표로 삼아 도전하고 싶어진다.
부정적 의미 해석	• 이미 완성된 상태에서 더 발전하지 않는다. • 일을 끝맺지 못하고 하는 일에 소원해진다. • 타성에 젖어 현상 유지만 하려고 한다. • 더 이상의 변화는 기대하기 어렵다. • 자신이 경험한 것이 전부라고 착각한다.
실전 상담 TIP	「21. 새로운 경험 시작」 카드는 그동안 경험했던 인생 과정의 완성을 의미합니다. 힘든 과정을 극복하고 깨달음을 통해 목표를 이룬 것입니다. 문제는 해결되었으니 새로운 경험을 위해 용기 내어 다시 도전해 보세요.

❶ 그림 속에 숨겨진 뜻

「21. 새로운 경험 시작」 카드는 목표 달성과 최종적인 완성으로 새로운 출발을 상징하는 긍정 카드입니다. 좋은 결과의 끝맺음과 동시에 더 큰 세상으로 출발한다는 것을 의미합니다.

❷ 더작왕자의 인생 이야기 21.

"더작왕자, 뭐 하는 거야? 서둘러야지."
여행 가방을 앞세우며 강아지가 나타났어요.
"아니, 지난번에는 믿지 못하겠다고 쳐다보지도 않더니, 이번에는 네가 먼저 앞장서서 가는 거야?"
"지금은 준비가 되었잖아. 그러니까 믿을 수 있지."
"그렇게 생각해 주니 고맙네. 일단 믿고 따라와 봐"
"야호~ 함께 출발이다!"
여행 준비를 단단히 하고 떠나는 모습입니다.
다음 여행에서는 어떤 새로운 세상을 만나게 될까요?

마이너 카드는 총 56장입니다.

인물 카드 16장, 숫자 카드 40장입니다.

마이너 카드는 세상을 살아가고 있는 우리의 현실을 나타내며 메이저 카드

보다 더 자세한 일상생활의 내용과 상황을 나타내는 카드입니다.

◆재미있는 더작왕자의 인물 이야기◆

이 카드는 16명의 인물 특징을 의미합니다. 시종, 기사, 여왕, 왕에 4원소를

연계하여 다양한 인물의 특성을 알려 줍니다.

PAGE of CUPS
감정 수용

호기심, 섬세한 감정, 상상력, 감정이 시작됨
마음이 넓은, 모든 것을 받아들임

긍정적 의미 해석	• 마음을 결정하고 뜻을 품는다. • 좋아하는 것에 집중하여 좋은 결과를 얻는다. • 호기심이 발동한다. • 마음이 통하는 대상이나 목표를 갖게 된다. • 자신이 원하는 것을 찾는다. • 감정이 풍부하고 감성적이다.
부정적 의미 해석	• 뜻밖의 선물로 마음을 빼앗긴다. • 자신만 좋아하는 집착에 빠질 수 있다. • 어떤 것에 너무 꽂히게 된다. • 마음이 나약해 유혹에 넘어갈 수 있다. • 자신의 감정만 생각하다 마음에 상처를 입는다.
실전 상담 TIP	「감정 수용」 카드 속 주인공은 호기심이 많고 감정이 풍부합니다. 호기심이 강해 여러 가지에 관심이 있어 마음이 쉽게 변할 수 있습니다. 자신의 감정을 우선으로 하기 전에 타인의 감정도 살펴보는 것이 중요합니다.

「감정 수용」카드에서 컵은 마음을 담는 도구를 의미하며 물은 감정을 상징합니다. 이 인물은 감정이 풍부하고 감성적입니다. 호기심을 갖고 자신이 좋아하는 것에 집중하는 인물입니다.

② 더작왕자의 컵 시종 이야기

더작왕자는 물에 비친 자신 모습을 보고 깜짝 놀랐어요. 출렁이는 물가에서 컵을 들고 있었거든요.

"이 컵을 내가 왜 들고 있는 거지? 마음속에서 무언가 움직이는 것 같은데 이게 뭘까?"

컵을 들고 있는 손이 살짝 떨렸어요.

호기심에 찬 눈으로 컵을 바라보는데 기분이 좋아졌어요.

'컵에 물을 담아서 누군가에게 주면 좋을 것 같아. 어떻게 담아야 하지?'

KNIGHT of CUPS
제안

감정이 서서히 움직임, 소극적, 차분함
느긋함, 예의, 부드러움, 성실함, 여유로움

긍정적 의미 해석	• 희망적인 마음으로 상대방에게 다가간다. • 순수한 마음을 드러내며 제안한다. • 예의가 바르고 배려심이 있다. • 성급하게 행동하지 않고 차분하다. • 갈등 상황 없이 주변 사람들과 잘 지낸다. • 바쁜 것이 없고 여유롭다.
부정적 의미 해석	• 자신의 감정만 너무 앞세운다. • 감성은 강하지만 준비가 미비하다. • 먼저 제안해야 하는 상황이다. • 시간적 제약을 거부한다. • 왕자병 공주병 기질이 있다.
실전 상담 TIP	「제안」 카드 속 주인공은 감성적이고 침착하며 느긋합니다. 예의 바르고 섬세하여 좋은 사람이라 인정도 받습니다. 하지만 주변 여건에 따라 빠르게 행동해야 하는 것도 있으니 상황에 맞는 적절한 융통성이 필요합니다.

「제안」 카드는 감수성이 강하고 정서적인 사람으로 여성적인 성향을 보이며 자신 모습을 사랑합니다. 행동에 있어 매사 느긋하고 차분하며 시간적 제약을 두지 않는 여유 있는 인물입니다.

❷ 더작왕자의 컵 기사 이야기

더작왕자가 이번에는 자전거를 탔어요.

그런데 한 손에 물이 담긴 컵을 들고 가야 했어요.

'조심조심 물이 쏟아지지 않도록 조심해야지. 잘 가져가야 해. 이 물을 받으면 좋아할까? 싫어하면 어쩌지? 아니야 좋아할 거야.'

더작왕자가 누군가에게 순수한 마음을 전하러 갑니다.

누구에게 마음을 전하러 가는 걸까요?

그런데 자전거 타고 가는 길이 쉬워 보이지 않았어요.

QUEEN of CUPS
애정

사랑, 헌신, 연민, 자애, 큰 배려심
공감, 만족하지 못함, 집착

긍정적 의미 해석	• 상대방을 진심으로 대한다. • 타인의 감정에 공감한다. • 배려심이 많고 헌신적이다. • 작은 것에도 감동을 잘 받는다. • 마음이 움직이면 행동한다. • 이해심이 많고 도움을 준다.
부정적 의미 해석	• 받아들이고 동정심을 느낀다. • 사람을 너무 믿어서 낭패를 본다. • 지나친 사랑이 집착의 수준까지 간다. • 의심이 많고 불안해한다.
실전 상담 TIP	「애정」 카드 속 주인공은 감수성이 풍부하고 헌신적입니다. 배려심이 있고 공감력이 뛰어나 대인관계도 좋습니다. 하지만 지나친 감수성으로 의심이 많아 집착도 합니다. 상대방에 대해 믿음을 갖는 것이 필요합니다.

_

114   마음이 열리는 타로대화

❶ 그림 속에 숨겨진 뜻

「애정」 카드는 사랑과 애정이 많아서 누군가를 사랑만 한다면 흔쾌히 헌신할 수 있는 따뜻한 마음을 갖고 있습니다. 정서적이고 헌신적이며 사랑과 존경을 실천하는 인물입니다.

❷ 더작왕자의 컵 여왕 이야기

더작왕자가 컵의 여왕이 되었어요.

"와, 내가 물의 여왕이 되었네. 물이 필요한 이는 모두 내게로 오너라. 옷이 젖어도 괜찮다. 필요한 만큼 모두 주겠다."

더작왕자는 인자하고 존경받는 컵의 여왕이라 좋았어요.

그런데 자꾸 걱정이 생겨서 마냥 행복하지는 않았어요.

'내가 이렇게 베풀어 주었는데 나를 존경하겠지? 이렇게 배려하고 사랑했는데 싫어하면 어쩌지?'

KING of CUPS
관대함

배려심, 신뢰, 사교적인, 자상함, 친절함
주변 관리, 감정에 휩쓸리지 않도록 애씀

긍정적 의미 해석	• 인상이 좋고 항상 웃는 얼굴이다. • 모든 사람과 소통이 가능하다. • 감정에 휩쓸리지 않으려 애쓴다. • 자상하고 대화가 잘 통한다. • 도움을 주려 한다. • 감정에 휩쓸리지 않으려 애쓴다.
부정적 의미 해석	• 너무 많은 것에 신경을 쓴다. • 지나치게 걱정이 많다. • 한곳에 집중을 잘하지 못한다. • 감정에 휘둘리다가 자신을 잃는다. • 희생하면서 도움을 주지는 않는다.
실전 상담 TIP	「관대함」 카드 속 주인공은 관용적이고 책임감이 강합니다. 감정을 잘 조절하고 자상하며 타인과 소통이 잘 됩니다. 하지만 너무 많은 것에 신경 쓰다가 중요한 것을 놓칠 수 있으니 마음의 여유를 갖고 걱정은 내려놓으세요.

「관대함」 카드는 자상하고 배려심이 많으며 친절합니다. 상대방의 말을 잘 듣고 대화가 잘 통하며 선의를 실행합니다. 상황이 어려운 현실적인 문제가 닥치면 자신을 먼저 챙기는 인물입니다.

② 더작왕자의 컵 왕 이야기

더작왕자가 컵의 왕이 되어 출렁거리는 물 위의 석좌에 앉았어요.

신기하게도 석좌는 물에 가라앉지 않았어요.

"나는 물의 왕이다. 물은 얼마든지 있다. 필요하다면 마음껏 줄 테니 말해 보
 거라. 하지만 조심해라. 내 옷이 물에 젖으면 안 된다."

더작왕자는 옷이 물에 젖을까 걱정이 되었어요.

하지만 중심을 잘 잡고 있어서 옷은 젖지 않았어요.

의심, 새롭게 알아냄, 관찰
여러 가지 정보를 잘 취합함
생각에 집착함, 조급함

긍정적 의미 해석	• 주변을 살피면서 경계한다. • 머리가 좋고 정보를 많이 알고 있다. • 새롭게 알아내는 데 탁월하다. • 호기심이 많다. • 자신을 드러내는 것을 좋아한다. • 행동이 재빠르다.
부정적 의미 해석	• 생각이 아직 성숙하지 못했다. • 마음이 가볍고 의심이 많다. • 지식과 경험이 상대방을 힘들게 한다. • 궁금한 것을 참지 못한다. • 생각을 유연하게 굽히지 않아 갈등 상황이 많다.
실전 상담 TIP	「주변 경계」 카드 속 주인공은 궁금한 것이 많고 의심이 많습니다. 경계심이 심해서 주변 사람들이 불편할 수 있습니다. 자신이 알아낸 것이 사실인지 꼭 확인해야 합니다. 상대방을 대할 때 사실보다는 공감에 집중하세요.

「주변 경계」 카드에서 검은 생각, 상처, 고통, 신념, 판단, 역경, 갈등을 상징합니다. 주변에 호기심이 많고 궁금한 것이 많아 이것저것 알아보며 의심이 많은 인물입니다.

② 더작왕자의 검 시종 이야기

더작왕자가 검을 들고 언덕 위에서 두리번거리고 있어요.

조금 전까지 반대 방향에서 검을 휘두르고 있었는데 지금은 다른 쪽을 향해 조심스럽게 가고 있어요.

'내 생각이 맞을 거야. 내가 알아봤다니까. 바람이 예사롭지 않아.'

그때 앞에 있던 꽃들이 말을 했어요.

"곧바로 가세요. 주변을 살펴보세요. 그곳이 아닙니다."

더작왕자는 꽃들의 말은 듣지도 않고 가던 길로 갑니다.

KNIGHT of SWORDS
빠른 행동

직접 해결함, 성급함, 책임감
의리, 생각이 들면 바로 행동함

긍정적 의미 해석	• 결정하면 미루는 일 없이 바로 실행한다. • 직접 나서서 문제를 해결한다. • 속전속결로 일을 처리한다. • 무슨 일이 생기면 나서서 책임을 진다. • 문제가 생기면 뒤로 빠지지 않는다. • 준비가 미비해도 일단 하고 본다.
부정적 의미 해석	• 생각을 깊이 하지 않고 행동이 앞선다. • 물불을 가리지 않고 뛰어든다. • 신중하지 못하다. • 흥분이 앞서 화를 당하기도 한다. • 불의를 보면 참지 못해 인간관계에서 갈등이 생긴다.
실전 상담 TIP	「빠른 행동」 카드 속 주인공은 성격이 급해서 즉시 행동합니다. 너무 성급한 행동은 화를 불러올 수 있으니 신중하게 생각한 후 행동에 옮기는 것이 바람직합니다.

「빠른 행동」 카드는 열정적인 영웅심으로 목표 달성의 중요성을 가지고 있습니다. 의리가 있어서 먼저 책임을 지기도 하고 문제가 생기면 직접 나서서 해결하는 인물입니다.

② 더작왕자의 검 기사 이야기

더작왕자가 모래 언덕에서 오토바이를 타고 내려오며 혼자 중얼거립니다.
"아무래도 내가 나서야겠어. 위급한 상황이 생길 거라고 예상했거든. 빨리 가서 내가 해결해 줘야 해."
오토바이가 공중으로 날아가듯 속도를 내고 있어요.
저렇게 모래바람이 부는데 보호안경도 쓰지 않았어요.
의리 있는 더작왕자가 급하게 어디로 가는 것일까요?

QUEEN of SWORDS
합리적 판단

단호함, 합리적, 수용적, 결단, 독립적
추진력, 인내심, 성실성, 사리 판단이 분명함

긍정적 의미 해석	• 합리적 판단에 따라 행동한다. • 현실 파악 능력이 뛰어나 일 처리를 잘한다. • 자신을 희생하더라도 목표를 달성한다. • 분별력이 뛰어나고 생활력이 강하다. • 문제가 생기면 적극적으로 행동한다. • 고독함을 스스로 견뎌 낸다.
부정적 의미 해석	• 분명한 것을 좋아하고 복잡한 것은 싫어한다. • 감정이 풍부하지 않다. • 마음의 여유가 필요하다. • 무엇이든 자신이 직접 나서려고 한다. • 자신이 관심 없는 것에는 부정적인 생각을 한다.
실전 상담 TIP	「합리적 판단」 카드 속 주인공은 합리적 판단에 따라 행동합니다. 그래서 감정이 메마른 사람이라 오해받기도 합니다. 하지만 현실적 상황에서 합리성을 강조하는 것이므로 판단에 앞서 주변 상황을 이해할 필요가 있습니다.

「합리적 판단」 카드는 감정보다는 합리적인 판단에 따라 행동합니다. 기준이 분명하고 사리 판단을 명확하게 하여 문제를 해결하는 인물입니다.

❷ 더작왕자의 검 여왕 이야기

더작왕자가 검의 여왕이 되어서 큰 검을 세우고 앉았어요.

"나의 모든 것을 바쳐서 지킨 나라다. 공정하게 해야 한다. 사사로운 감정이 있으면 안 된다."

여왕은 카리스마 넘치는 목소리로 외쳤어요.

그때 여왕의 발밑에 슬그머니 여우가 나타났어요.

"여왕님, 합리적인 판단도 중요하지만 다른 사람들의 말에도 귀 기울여 들어 보세요."

KING of SWORDS
엄격한 카리스마

엄격함, 냉철함, 통솔력, 사리 분별, 원리 원칙
지도력, 스스로 내린 결정 번복 안 함

긍정적 의미 해석	• 신념과 가치관이 확고하다. • 강한 카리스마를 갖고 있다. • 날카로운 분석력을 지니고 있다. • 중요한 일은 자신이 직접 처리한다. • 원리 원칙을 강조한다. • 행동할 때 감정을 잘 조절한다.
부정적 의미 해석	• 본인의 생각이 절대적이라고 생각한다. • 자기중심적 세계관을 갖고 있다. • 타인의 생각을 인정하지 않는다. • 권위적인 모습으로 다정다감함이 부족하다. • 자신에게 대항하는 것을 좋아하지 않는다.
실전 상담 TIP	「엄격한 카리스마」 카드 속 주인공은 강한 카리스마로 신념이 확실 합니다. 자기 생각이 옳다고 생각하는 자기중심적 세계관을 갖고 있 습니다. 상대방에게 마음의 상처를 줄 수 있으니 다름을 인정하고 이해하는 태도가 필요합니다.

「엄격한 카리스마」 카드는 자신의 목표 달성을 중시하며 최고의 권위를 행사합니다. 냉철하게 행동하고 어떤 문제가 생기면 원칙을 내세우며 치밀한 분석력으로 신념을 중요하게 여기는 인물입니다.

② 더작왕자의 검 왕 이야기

더작왕자가 검을 비스듬히 들고 왕좌에 앉아 있어요.
냉정한 눈빛으로 입은 꽉 다문 채 말이죠.
저 앞에서는 어떤 말을 해도 들어주지 않을 겁니다.
"내 생각이 법이다. 내 의견에 어떤 말도 하지 마라."
"왕이 정하신 원칙은 중요합니다. 하지만 어떤 원칙은 모두를 힘들게 할 수
있다는 것을 살펴보셔야 합니다."
앞에 앉아 있던 여우가 또박또박 말했어요.

PAGE of WANDS
행동 시작

호기심 많은, 가능성, 잠재력, 열정적인
시작 결심, 이동과 변화, 자신감 넘침

긍정적 의미 해석	• 성장에 대한 자신만의 욕구가 있다. • 미루지 않고 먼저 행동한다. • 열정과 의지가 있다. • 하고자 하는 일에 적극적이다. • 무엇인가 시작을 결심한다. • 잠재 능력이 있다.
부정적 의미 해석	• 한곳에 오래 머무르지 못한다. • 언제든지 마음이 바뀔 수 있다. • 끈기가 부족하다. • 참지 못하고 다른 곳에 마음을 두기도 한다. • 자신에 일에 집중하느라 주변을 살피지 못한다.
실전 상담 TIP	「행동 시작」 카드 속 주인공은 목표를 정하고 행동을 결심했습니다. 호기심과 열정을 가지고 있으나 아직은 부족합니다. 열정만 앞세워 행동한다면 후회를 할 수도 있으니 성장을 위해 철저한 계획을 세운 후 행동해야 합니다.

① 그림 속에 숨겨진 뜻

「행동 시작」 카드는 호기심과 열정으로 자신이 정한 목표를 행동에 옮기기로 결심한 것을 상징합니다. 자신이 하고자 하는 일에 자신감이 넘쳐서 추진력도 강한 인물입니다.

② 더작왕자의 지팡이 시동 이야기

더작왕자가 새순이 돋아나는 지팡이를 짚고 서 있어요.
곧 기차가 도착하면 바로 타고 떠날 모습입니다.
단단히 결심한 표정으로 단호하게 말했어요.
"내가 행동으로 보여 주겠어!"
더작왕자는 중요한 일을 하러 떠나려나 봅니다.
그런데 먼 길을 떠나는 것 같은데 가방이 보이지 않습니다.
순수한 열정만 가지고 성급하게 떠나는 것은 아닐까요?

KNIGHT of WANDS
성급한 열정

모험적, 열정적, 새로움 추구
충동적, 과한 호기심, 에너지
행동이 앞섬, 마음이 급함

긍정적 의미 해석	• 긴급한 상황에 잘 대처한다. • 순발력이 좋다. • 열정으로 망설이지 않는다. • 미루지 않고 일단 실행한다. • 추진력은 좋다. • 새로움을 추구한다.
부정적 의미 해석	• 무모하게 일을 저지른다. • 과욕을 부린다. • 쉽게 생각하고 마음만 급하다. • 계획적이지 못하다. • 기대보다 실속이 없다.
실전 상담 TIP	「성급한 열정」 카드 속 주인공은 어떤 상황에 준비 없이 행동만 앞서 주변 사람들로부터 신뢰감이 떨어집니다. 미루지 않고 실행에 바로 옮겨 추진력은 좋으나 계획성 없이 행동하여 성과가 좋지 않을 수 있으니 신중함이 필요합니다.

「성급한 열정」 카드는 계획이나 준비 없이 마음만 앞서고 모험적이며 행동
에 집착합니다. 불가능한지 알면서도 성급함이 앞서 무모하게 행동하는 인
물입니다.

② 더작왕자의 지팡이 기사 이야기

더작왕자가 오토바이를 타고 모래 언덕을 오르고 있어요.

그런데 앞바퀴가 공중에 들려 있네요.

속도를 내서 달려가는 것이 아니라 제자리에서 헛바퀴만 돌아갑니다.

"무슨 일이야? 기다려, 내가 간다."

긴급한 상황이 생겼나 봅니다.

짧은 지팡이로 무엇을 하게 될지 일단 준비는 했습니다.

위급한 상황에 빠르게 대처하고자 하는 열정은 좋은데 너무 준비 없이 성급
한 것은 아닐까요?

QUEEN of WANDS
부드러운 카리스마

자신감, 책임감, 당당함
신뢰감, 자존감이 강함, 이해심
분명하지 않은 것은 싫어함

긍정적 의미 해석	• 당당하고 자신감이 있다. • 망설이지 않고 빨리 실행한다. • 자신의 역할을 열정적으로 수행한다. • 자존심이 강하다. • 조직을 운영하는 능력이 있다. • 정직하고 성실하다.
부정적 의미 해석	• 지나치게 솔직하다. • 답답한 것을 잘 참지 못한다. • 말만 앞서는 것을 싫어한다. • 필요 이상으로 신경 쓰며 돌보기도 한다. • 상대방에게 직접적으로 말해 상처를 줄 수 있다.
실전 상담 TIP	「부드러운 카리스마」 카드 속 주인공은 열정적이고 자신감이 넘칩니다. 따뜻한 마음의 정도 있고 책임감 있게 행동합니다. 당당하고 적극적으로 실행하다가 직설적으로 표현할 수 있으니 마음의 상처 받지 말고 상황을 잘 살펴보세요.

「부드러운 카리스마」 카드는 시원시원한 성격에 따뜻한 카리스마를 갖고 있습니다. 자신이 한 말에 약속을 지키며 신뢰를 주는 사람으로 책임감과 자신감이 뛰어난 인물입니다.

❷ 더작왕자의 지팡이 여왕 이야기

더작왕자가 지팡이의 여왕이 되어 왕좌에 앉아 있어요.
한 손에는 싹이 돋은 긴 지팡이를, 다른 한 손에는 활짝 핀 해바라기를 들고 온화한 목소리로 말했어요.
"나는 모든 일을 할 수 있는 여왕이다. 어려움이 있는 사람들이여, 모든 것을 해결해 줄 테니 언제든지 나에게로 오라."
당당하게 앉아 있는 모습에서 카리스마가 느껴집니다.
또한 여왕에게 부탁하면 모든 일이 해결될 것 같습니다.

강한 카리스마

통찰력, 리더십, 자신감, 열정, 투쟁, 모험
행동, 책임감, 법과 질서 준수, 정직, 신뢰

긍정적 의미 해석	• 자신이 맡은 일에 대한 책임감이 강하다. • 말한 것은 직접 몸으로 실천한다. • 상대방을 대할 때 솔직하다. • 힘든 일일수록 발 벗고 나선다. • 넓은 통찰력을 갖고 있다. • 정직하고 성실하다.
부정적 의미 해석	• 목표를 향한 집착이 있다. • 지나치게 행동이 앞서간다. • 너무 직설적으로 말한다. • 행동이 앞서니 성급함이 있다. • 상황에 따른 유연함이 없다.
실전 상담 TIP	「강한 카리스마」 카드 속 주인공은 신뢰와 책임감이 강합니다. 그래서 믿음이 없어지면 마음에 상처를 입습니다. 자신감 있는 행동으로 어려운 일도 지혜롭게 해냅니다. 본인 생각 위주로 행동하기 전에 타인의 의견도 경청하세요.

「강한 카리스마」 카드는 강한 카리스마를 갖고 넓은 통찰력과 직관력으로 말보다는 행동이 앞섭니다. 책임감과 신뢰감으로 자신이 말한 것은 반드시 지키고 직접 몸으로 실행하는 인물입니다.

② 더작왕자의 지팡이 왕 이야기

더작왕자가 지팡이를 단단히 잡고 도마뱀 문양이 있는 왕좌에 앉아 있어요. 지팡이의 왕이 되었어요.

무언가 단단히 결심한 표정입니다.

곧 어떤 결정이 내릴 것 같은 강한 카리스마가 느껴집니다.

"내가 나서면 모든 일이 해결된다. 난 어떤 일이든지 현명하게 행동하니까. 다음은 무슨 일이냐?"

힘찬 목소리에서 열정과 자신감이 넘칩니다.

당장 의자에서 일어나 행동할 것 같습니다.

신중함, 성실함, 호기심, 계산하다
현실적, 계획적, 실제적 문제, 이해타산

긍정적 의미 해석	• 목표를 세우고 현실적인 계획을 세운다. • 차근차근 단계를 밟아서 나아간다. • 계산적이고 꼼꼼하다. • 나태하지 않고 현실적인 노력을 다한다. • 실천 의지가 강하다. • 근검절약하고 사치하지 않는다.
부정적 의미 해석	• 현실적이고 실용적인 것만 우선한다. • 너무 미래지향적이라 현재를 놓친다. • 무엇보다 이익만을 생각한다. • 돈을 너무 아껴서 짠돌이 소리를 듣는다. • 자신의 목표를 위해서 즐거움을 포기하기도 한다.
실전 상담 TIP	「현실적 계획」 카드 속 주인공은 물질적 가치를 소중하게 여기고 차분하게 계획적으로 행동합니다. 미래에 목표를 세우고 성실한 태도로 노력하며 실천합니다. 미래에만 집중하기 전에 현재 상황에서 빠진 것은 없는지 살펴보세요.

① 그림 속에 숨겨진 뜻

「현실적 계획」 카드에서 금화는 현실과 물질을 상징합니다. 목표를 높이 정하고 현실적인 계획을 세워 신중하고 차분하게 행동하는 인물입니다.

② 더작왕자의 금화 시종 이야기

더작왕자가 금화를 높이 치켜들고 쳐다보고 있어요.
주변에는 신경 쓰지 않고 금화에 온 정신이 꽂혔네요.
"여기에서 잘 살려면 이 금화가 필요하단 말이지? 먹지도 못하는 이 금화가 그렇게 중요한 거야?"
신기하다는 듯이 금화를 만지작거리며 중얼거렸어요.
더작왕자는 곰곰이 생각했어요.
'이 금화를 가지고 무엇을 할 수 있을까?'

KNIGHT of PENTACLES
신중함

현실적, 인내심, 준비 철저, 수동적
차분함, 계산적임, 꼼꼼함, 상황 파악 잘함

긍정적 의미 해석	• 준비가 철저하다. • 상황 파악을 잘한다. • 현실적이고 합리적이다. • 분수에 맞게 행동한다. • 자신이 할 수 있는 것을 구분할 줄 안다. • 차분하게 행동하고 책임감이 강하다.
부정적 의미 해석	• 변화를 싫어한다. • 생각을 잘 바꾸지 않는다. • 자신의 기준으로 모든 것을 정하려고 한다. • 답답할 정도로 생각이 많다. • 고집스럽고 쉽게 행동하지 않는다.
실전 상담 TIP	「신중함」 카드 속 주인공은 고민하면서 현실적인 것을 따집니다. 손해 보는 것은 없는지 몇 번이고 다시 생각합니다. 합리적인 것만 강조하다가 현상 유지만 할 수 있습니다. 확신이 섰다면 유연한 자세로 실행해 보세요.

「신중함」 카드는 현실적이고 이해타산을 위해 꼼꼼히 따져보며 생각을 많이 합니다. 상황 파악을 잘하고 준비가 철저해서 실수가 적고 차분하게 행동하는 인물입니다.

② 더작왕자의 금화 기사 이야기

더작왕자가 멈춰진 자동 자전거에 앉아 있어요.
금화를 조심스럽게 잡고 뚫어지게 바라보고 있어요.
'이 금화로 뭔가 해야 하는데... 잘 사용하려면 어떻게 해야 하지? 지금은 적당한 시기가 아니야... 잠깐만 좀 더 생각해 봐야지.'
자전거까지 멈추고 무슨 생각을 하는 걸까요?
계속 생각만 하다가 자전거가 쓰러지는 것은 아닐까요?

QUEEN of PENTACLES
물질적 활용

풍요, 수용적, 여유로움, 헌신
모성애, 경제적인 면을 우선함

긍정적 의미 해석	• 물질적 가치를 잘 파악한다. • 생활에 여유가 있다. • 주변 사람들에게 베풀 줄 안다. • 가족에 대한 사랑이 강하다. • 현실적인 능력이 있다. • 물질을 써야 할 시기를 잘 파악한다.
부정적 의미 해석	• 어려운 일을 하지 않는다. • 타인의 시선을 많이 의식한다. • 나를 알아주기를 바란다. • 없어도 있는 척하기도 한다. • 경제적으로 어려움이 있으면 무기력하다.
실전 상담 TIP	「물질적 활용」 카드 속 주인공은 물질적 활용이 뛰어나며 물질적 가치를 통해 가까이 있는 사람에게 자비로움을 베풉니다. 물질적인 면이 제일 중요하다고 생각합니다. 물질을 잘 활용할 수 있는 통찰력과 지혜로움이 필요합니다.

「물질적 활용」 카드는 물질의 가치와 실용성을 중시하여 금화에 정성을 들이고 관심을 둡니다. 물질적인 가치를 잘 파악하여 활용하는 대표적인 인물입니다.

② 더작왕자의 금화 여왕 이야기

더작왕자가 금화를 양손으로 잡고 왕좌에 앉아 있어요.

풍요로운 금화의 여왕이 되었어요.

주변에는 온통 장미꽃이 만발해 있고 푸른 산과 나무 그리고 토끼까지 아주 풍요로운 장면입니다.

"돈은 나의 모든 것. 이것은 꼭 필요해. 돈이 있으면 많은 것을 할 수 있거든. 돈이 필요한 이는 모두 나에게 오라."

금화의 여왕은 장미 향기도 토끼도 관심이 없네요.

온통 금화에 정신을 빼앗긴 것처럼 보입니다.

KING of PENTACLES
물질적 소유

물질적, 계산적, 소유욕
실질적 가치 중요, 현실 만족
도움을 줄 수 있음, 이기적

긍정적 의미 해석	• 도움을 줄 수 있는 능력이 된다. • 계산에 능숙하고 현실적이다. • 자신을 위해서 돈을 쓸 줄 안다. • 많은 것을 이루었기에 현실에 만족한다. • 생활에 여유가 있고 성실하다. • 자신이 한 말을 끝까지 지킨다.
부정적 의미 해석	• 본인의 이익을 최우선으로 한다. • 절대로 손해 보지 않으려 한다. • 자신만 생각하고 이기적이다. • 물질적 이익을 선으로 생각한다. • 지나치게 이기적이고 계산적이다.
실전 상담 TIP	「물질적 소유」 카드 속 주인공은 물질과 권력 모두를 중시합니다. 이해타산적이고 계산적이라 손해 보는 일은 안 합니다. 물질이 전부가 아니라는 것, 중요한 것은 눈에 보이지 않는다는 의미를 깊이 성찰해 보세요.

「물질적 소유」카드는 현실적이고 계산적인 사람이라 실리를 따져 손해 보는 일은 하지 않습니다. 물질적 이득을 최고의 선으로 생각하고 자신을 위해 이익이 되는지 파악하는 인물입니다.

② 더작왕자의 금화 왕 이야기

더작왕자가 부자 나라의 왕이 되었어요.
왕좌 뒤에 성이 보이고 포도송이가 사방에 주렁주렁 있고 왕관에 큰 보석이 박혀 있어요.
정말 부자인가 봅니다.
"난 모든 것을 갖은 부자 나라의 왕이다. 나보다 더 부자는 이 세상에 없다.
흐흐흐, 역시 물질이 최고라니까!"
더작왕자가 거만하게 금화를 잡고 왕좌에 앉아 있어요.
모든 것을 다 가진 왕이라 만족할 만도 한데, 행복한 표정이 아닙니다.
왜 그럴까요?

숫자 카드는 총 40장입니다.

컵 10장, 검 10장, 지팡이 10장, 금화 10장입니다.

현실 세계의 문제 상황과 그에 따른 대처 방법을

이미지에 담아 알려 줍니다.

◆재미있는 더작왕자의 세상 이야기◆

 ▶컵 이야기

 ▶검 이야기

 ▶지팡이 이야기

 ▶금화 이야기

ACE of CUPS
감정의 시작

순수함, 마음에서 우러남, 감성적, 수용적
사랑, 우정, 배려, 새로운 관계 시작

긍정적 의미 해석	• 상대방을 대할 때 마음에서 우러난다. • 새로운 관계가 시작된다. • 용서와 화해가 이루어진다. • 하고 싶다는 마음이 생긴다. • 좋은 감정이 시작된다. • 타인에게 배려한다.
부정적 의미 해석	• 감정이 지나치게 강하다. • 모든 것을 내려놓을 정도로 빠진다. • 너무 감정에 치우친다. • 다른 것은 받아들이지 못한다. • 마음이 움직이지 않으면 행동을 안 한다.
실전 상담 TIP	이 카드는 새로운 감정의 시작과 정신적 만족을 의미합니다. 요즘 상황이 힘들고 혼란스럽다면 곧 마음이 편안해질 것이니 조금만 참고 견뎌 내세요. 좋은 감정이 시작되어 만족하게 될 것입니다.

❶ 그림 속에 숨겨진 뜻

ACE는 숫자 1을 의미하며 마음속에서 시작하는 감정의 출발을 의미합니다.
컵으로 상징되는 것들은 마음에서 시작되는 감정을 나타냅니다.

❷ 더작왕자의 컵 이야기 1.

더작왕자가 장미 줄기에 붙어있는 벌레를 잡아 냈어요.
장미를 도와주고 싶었거든요.
"장미야, 내가 벌레를 잡아줄 테니 걱정하지 마. 조금만 기다려. 내가 물도
줄게."
"정말 고마워. 이제야 몸을 펼 수 있겠어. 벌레 때문에 몸이 아파 휘어졌었거
든."
징그러운 벌레를 잡아내는 일이 쉽지는 않았지만 더작왕자는 사랑의 마음
으로 용기를 냈어요.

2 of CUPS
감정 교류

공감, 신뢰가 싹틈, 교감, 화해, 의사소통
이해심, 감정의 소통, 아름다운 화합

긍정적 의미 해석	• 서로를 깊이 이해하여 갈등이 해소된다. • 상대의 마음을 받아들인다. • 두 사람의 마음이 합쳐진다. • 상대방에게 마음을 털어놓는다. • 마음이 순수하다. • 상대방에 대해 믿음이 생긴다.
부정적 의미 해석	• 하나를 양보해야 한다. • 충분한 만족을 느끼지는 못한다. • 마음속에서만 이루어진다. • 현실적 문제는 해결되지 않는다. • 만족하지 못하는데 허락하게 된다.
실전 상담 TIP	이 카드는 관계를 의미합니다. 두 마음이 통해야 또는 한 쪽이 배려하고 양보해야 발전 가능하다는 뜻입니다. 서로 노력하면 화합을 이루게 될 것입니다. 갈등 상황이면 상대방을 이해하며 대화를 통해 해결해 보세요.

❶ 그림 속에 숨겨진 뜻

컵 2번은 마음의 문을 열어 받아들이는 카드입니다. 컵 ACE에서 감정이 시
작되었다면 이 카드는 순수한 감정으로 마음을 활짝 열어서 상대방과 교감
을 한다는 의미입니다.

❷ 더작왕자의 컵 이야기 2.

더작왕자가 아침 일찍 일어나 물을 가져왔어요.
태양의 빛을 받으며 피어나는 장미 때문이었지요.
"장미야, 물 먹고 싶었지? 내가 물 떠 왔어. 조금씩 천천히 먹어."
"내가 물 먹고 싶은지 어떻게 알았어? 아, 시원해. 참 맛있다."
"네가 맛있게 먹으니 내 기분이 좋다!"
더작왕자는 장미가 맛있게 물을 먹는 모습을 보니 너무 좋아서 계속 물을
주었어요.

3 of CUPS
정서적 화합

협상, 화합, 문제해결, 축하
기쁨 공유, 관계의 발전, 함께 하는 행동

긍정적 의미 해석	• 관계가 발전한다. • 화합을 이루었다. • 문제를 해결한다. • 기쁨을 함께 나눈다. • 함께 행동한다. • 어려움을 함께 극복한다.
부정적 의미 해석	• 지나치게 기쁨에 들뜬다. • 설레는 마음이 지나치다. • 기쁨에 젖어 나태해진다. • 자칫 잘못하면 대립 상황이 될 수 있다. • 기쁨에 가려진 현실적인 문제를 놓칠 수 있다.
실전 상담 TIP	이 카드는 화합과 관계의 발전을 의미합니다. 앞으로 협력하여 구체적인 결과물이 있을 수 있고 갈등 상황이 잘 해결되어 감정적으로 만족하는 좋은 일이 생깁니다. 좋은 결과로 발전되도록 꾸준히 노력하세요.

❶ 그림 속에 숨겨진 뜻

컵 2번에서 마음을 받아들여 나누었으니 이제는 실제적 화합을 이루는 것
입니다. 감정이 현실적으로 드러나서 관계의 발전이 되었다는 의미입니다.

❷ 더작왕자의 컵 이야기 3.

장미에게 줄 물이 부족진진 더작왕자는 걱정이 되었어요.
'어쩌지... 장미에게 줄 물이 이제 얼마 남지 않았네. 비행사에게 가서 부탁
해야지. 조용히 다녀와야겠어.'
더작왕자는 장미가 잠든 사이에 몰래 사막으로 갔어요.
비행사는 더작왕자의 이야기를 듣고 부탁을 들어줬어요.
둘은 함께 우물가로 가서 물을 끌어 올렸어요.
"와, 함께 끌어올리니 무겁지 않네. 할 일도 많은데 이렇게 도와줘서 정말 고
마워!"

4 of CUPS
무기력

권태기, 지루함, 정체기, 낙담
불만, 포기, 설렘이 사라짐
감정 퇴색, 기대에 못 미침

긍정적 의미 해석	• 싫은 것은 단호하게 표현한다. • 만족스럽지 않은 것에 대해 과감히 거절한다. • 자신의 감정을 그대로 표현한다. • 그냥 안정된 상태를 유지하고자 한다. • 불만을 해소할 방법을 찾고 있다.
부정적 의미 해석	• 원하지 않는 불편한 상황을 만난다. • 마음이 움직이지 않는다. • 어떤 것에도 흥미가 없다. • 불만족이 가득하다. • 싫증이 난다. • 불만의 원인을 외부에서 찾는다.
실전 상담 TIP	이 카드는 감정적인 교류가 퇴색되어 관심이 없어진 상태를 의미합니다. 자신이 생각했던 대로 되지 않아 불만이 가득 찬 상태로 무기력을 나타냅니다. 마음이 힘든 상황이지만 처음 만났을 때 설렘을 잊지 마세요.

① 그림 속에 숨겨진 뜻

「컵 4번」은 구체적인 결실로 나타난 「컵 3번」이 시간이 지나면서 흥분과 설렘이 사라진 상황을 의미합니다. 자신이 원하는 대로 이루어지지 않아 불만을 나타냅니다.

② 더작왕자의 컵 이야기 4.

"저리 가. 가까이 오지 마. 저리 가라고!"
장미는 잔뜩 화가 나서 더작왕자에게 소리쳤어요.
더작왕자는 깜짝 놀라서 가져온 물을 쏟을 뻔했어요.
장미에게 물을 주려고 힘들게 먼 길을 다녀왔는데 버럭 화를 내는 장미를 보니 너무 황당했어요.
"내가 얼마나 무서웠는지 알아? 내가 혼자 있다는 걸 알면서 날 버리고 갔잖아."
장미는 유리 덮개 속에서 꼼짝도 하지 않았어요.

5 of CUPS
실망과 후회

깊은 후회, 괴로움, 잃은 슬픔
현실 외면, 외로움, 불편한 상황, 집착, 미련

긍정적 의미 해석	• 아직 개선의 여지가 남아 있다. • 마음껏 슬퍼하며 자신을 애도한다. • 실망하지만 관계는 끝내지 않는다. • 감정을 충분히 표현한다. • 그래도 희망이 남아있다.
부정적 의미 해석	• 잃은 것에 대해 마음이 아프다. • 이루지 못한 것이 슬프다. • 지나간 시간이 후회된다. • 과거에 미련이 남아 괴롭다. • 상대방에게 실망한다. • 마음이 무척 약해졌다.
실전 상담 TIP	이 카드는 현실 상황에 대한 실망을 의미합니다. 갈등 상황으로 관계가 무너져서 감정적으로 무척 힘든 상태를 나타냅니다. 이미 마음이 떠난 상태지만 해결의 실마리는 남아 있으니 잘 찾아보세요.

❶ 그림 속에 숨겨진 뜻

「컵 4번」에서 불만이 가득 찬 상황이 「컵 5번」에 결과로 나타난 것입니다.
극심한 실망과 후회로 관계를 깨고 싶을 정도의 슬픔을 나타냅니다.

❷ 더작왕자의 컵 이야기 5.

더작왕자는 너무 속상했어요.
"그게 아니라고. 너를 버리고 갔던 게 아니야. 너에게 신선한 물을 주고 싶었
던 거야. 물을 가지러 갔다가 좀 늦은 거라고."
더작왕자는 자신의 마음을 몰라주는 장미 때문에 너무 슬퍼서 풀밭에 누워
엉엉 울었어요.
발밑에 물이 쏟아졌는지도 모르고 계속 울었어요.

6 of CUPS
추억

과거의 추억, 순수함, 회상, 그리움
긍정적 관계 시작, 과거의 영향력, 마음 정화

긍정적 의미 해석	• 잘하고 싶다는 마음이 생긴다. • 과거의 상처가 치유된다. • 초심으로 돌아가서 생각한다. • 과거의 좋은 모습만 생각한다. • 그리움이 가득하다. • 긍정적인 관계가 시작된다.
부정적 의미 해석	• 과거와 자꾸 연결하려 한다. • 좋아질 것이라 착각한다. • 혼자만의 상상에 빠진다. • 지나간 것에 집착한다. • 현재 상황을 인식하지 못한다.
실전 상담 TIP	이 카드는 과거의 추억이 현재 상황에 긍정적으로 작용한다는 의미입니다. 현재가 힘든 상황이라면 과거의 좋은 추억들이 힘이 될 수 있습니다. 좋은 생각을 떠올리며 현재의 어려움을 스스로 견디세요.

❶ 그림 속에 숨겨진 뜻

「컵 6번」은 「컵 5번」의 후회와 슬픔을 이겨 내는 카드입니다. 과거와 연결되는 순수함이 좋지 않은 기억을 잊게 만들고 갈등 상황의 해결점을 찾을 수 있게 한다는 의미입니다.

❷ 더작왕자의 컵 이야기 6.

더작왕자는 눈을 감고 장미와 행복했던 추억을 떠올렸어요.
밤이 되면 찬 바람을 막아 줄 유리관도 씌워주었고 정성을 다해 장미를 보살펴 주었어요.
그때는 장미에게 줄 물도 넉넉했어요.
'그때는 장미가 참 좋아했는데... 그때는 나도 참 좋았었는데...'
더작왕자는 그때가 무척 그리웠어요.

7 of CUPS
환상

비현실적인, 상상, 착각
확실하지 않음, 고민, 선택의 어려움, 망설임

긍정적 의미 해석	• 비현실적인 상황에 빠진 것을 바라본다. • 고민에 휩싸인 것을 안다. • 행동으로 옮기지 못하는 것을 알게 된다. • 하나만 고집하는 것이 아니라 여러 상황을 생각한다. • 현실을 위해 결단을 내리려 한다.
부정적 의미 해석	• 현실적 문제에 부딪힌다. • 기대감이 지나치다. • 바라는 것이 많아 욕심을 낸다. • 지나치게 생각이 많다. • 여러 가지 고민에 빠진다. • 마음이 복잡하다.
실전 상담 TIP	이 카드는 지나친 기대감으로 많은 생각에 빠졌음을 나타냅니다. 힘든 상황에 집착하면 부정적인 생각을 하게 됩니다. 자신이 해야 할 일에 집중하면서 부정적인 생각을 떨쳐 버리세요.

❶ 그림 속에 숨겨진 뜻

「컵 7번」 카드는 「컵 6번」으로 관계를 회복시키고자 하는 지나친 기대감을
상징합니다. 추억에 심취해서 현실의 상황을 똑바로 인지하지 못하고 생각
이 복잡함을 의미합니다.

❷ 더작왕자의 컵 이야기 7.

더작왕자는 장미와의 그리움에 빠져 정신을 못 차렸어요.
"뭐가 잘못된 거지? 내가 뭘 잘못한 거지? 장미는 왜 화가 난 걸까?"
더작왕자는 머리를 좌우로 흔들며 중얼거렸어요.
그때 여우가 슬그머니 더작왕자의 곁으로 왔어요.
"너무 속상해하지 마. 그건 누구 탓도 아니야. 모든 것이 변하기 때문이지.
특히 마음은 더 그래."
"마음? 그럼 내 마음도 변하고 있다는 거야?"

8 of CUPS
잠시 떠남

아쉬움 남기고 떠남, 단념
마음을 비움, 새로운 출발
지나간 감정 포기, 실망

긍정적 의미 해석	• 스스로 깨닫고 끝맺는다. • 힘든 상황에서 벗어난다. • 내려놓고 마음을 비운다. • 다음 단계로 나아간다. • 언젠가 다시 돌아온다. • 결심한 것은 미련 없이 버린다.
부정적 의미 해석	• 실망해서 돌아선다. • 더 이상 의미를 두지 않는다. • 떠나야 하는 상황이다. • 인내하는 것에 지쳤다. • 마음이 변했다.
실전 상담 TIP	이 카드는 마음을 정리하면서 잠시 떠나는 것입니다. 자신이 생각했던 것과 다르다고 판단해서 돌아서는 것으로 실망과 후회를 나타냅니다. 일시적으로 마음을 접는 것이니 언젠가 현재의 자리로 돌아올 것입니다.

❶ 그림 속에 숨겨진 뜻

「컵 8번」은 그동안의 힘든 과정에 아쉬움을 남긴 후 마음을 내려놓고 떠나는 것을 상징합니다. 지나간 감정은 포기하고 새로운 출발을 한다는 의미입니다.

❷ 더작왕자의 컵 이야기 8.

더작왕자는 자신의 마음도 변한다는 것을 알게 되었어요.

그리고 자신의 마음을 가만히 들여다보았어요.

'내 마음대로 한 거야... 내가 하는 것이 모두 맞는 줄 알았어. 그때 장미는 물이 필요하지 않았던 거야. 그저 곁에 함께 있어 주기만 해도 되는 거였어. 그때 내가 다정하게 물어봐야 했던 거야. 내 착각이었어... 내 욕심이었어...'

더작왕자는 장미에 대한 착각과 욕심을 던져 버렸어요.

9 of CUPS
만쪽

정신적 풍요로움, 기쁨
목표의 달성, 나의 행복, 극복
집착과 욕심에서 벗어남

긍정적 의미 해석	• 원하는 것이 이루어져 기쁘다. • 현재 상황에 만족한다. • 정신적으로 풍요롭다. • 기쁘게 받아들인다. • 다시 평화를 찾는다. • 집착과 욕심에서 벗어난다.
부정적 의미 해석	• 자신만의 만족이 지나치다. • 타인의 시선에 신경 쓰지 않는다. • 욕망에 휘둘릴 수도 있다. • 자신에 대해 지나친 기대를 한다. • 나만 괜찮으면 된다는 행동으로 타인을 힘들게 한다.
실전 상담 TIP	이 카드는 현재 상황에 만족함을 의미합니다. 욕심과 집착에서 벗어나 어려움을 극복하고 스스로 느끼는 편안함을 나타냅니다. 이 정도면 되었다는 만족감이 여유로움과 마음의 평화를 줍니다. 감사할 것을 찾아보세요.

❶ 그림 속에 숨겨진 뜻

「컵 9번」은 자신이 있던 곳으로 다시 돌아와서 마음의 풍요로움을 얻게 된다는 것을 상징합니다. 힘든 과정을 극복하고 정신적인 풍요로움으로 만족감을 나타냅니다.

❷ 더작왕자의 컵 이야기 9.

더작왕자는 장미꽃을 가슴에 품고 있는 꿈을 꿨어요.
장미가 더작왕자의 품에 안겨 기뻐하는 꿈이었어요.
'그래, 욕심과 집착은 내 마음속에 있었던 거야. 그것도 모르고 혼자서 슬퍼했던 거야. 내 마음도 변하면서 오해를 했던 거야. 욕심과 집착을 던져버리니 이렇게 홀가분하구나!'
꿈에서 깨어난 더작왕자는 장미에게 갈 준비를 했어요.
장미를 만나게 될 생각을 하니 가슴이 설레었어요.

10 of CUPS
행복

기쁨, 성공, 축하, 안정
감정적인 만족, 마음의 평온
소망이 이루어짐, 평화

긍정적 의미 해석	• 노력의 결실이 행복으로 이어진다. • 힘든 상황이 전화위복으로 돌아온다. • 상대방과 좋은 관계로 발전한다. • 갈등 상황이 해결된다. • 마음이 안정된다. • 일상에서 행복을 느낀다.
부정적 의미 해석	• 꿈에 지나친 기대를 건다. • 반복적인 안락함에 지루하다. • 변화 없음에 불만이 쌓인다. • 평온함이 깨질까 봐 불안하다. • 환상에 젖어 있다.
실전 상담 TIP	이 카드는 행복의 핵심, 즉 마음의 평화를 의미합니다. 갈등이 해소되어 마음이 평화롭고, 화해를 통해 관계가 개선되어 안정적인 분위기로 좋은 결말을 나타냅니다. 진정한 마음의 평화를 위해 스스로 노력하세요.

❶ 그림 속에 숨겨진 뜻

「컵 10번」은 행복과 마음의 평화를 상징합니다. 모든 것이 안정되었고 소망하는 모든 것들이 이루어져서 마음으로 느끼는 평온함을 의미합니다.

❷ 더작왕자의 컵 이야기 10.

더작왕자는 자신의 별로 돌아와서 장미를 만났어요.
"장미야, 내 마음이 앞으로 어떻게 변할지는 나도 몰라. 하지만 지금은 진심
 이야. 네가 있어 행복해. 앞으로 너를 이해하려고 노력할게."
"고마워! 나도 네가 있어 행복해!"
더작왕자와 장미는 이제 서로의 마음을 알게 되었어요.
그때 여우와 양이 노래를 부르며 나타났어요.
"야호, 우리 함께 노래 부르며 춤추자!"

ACE of SWORDS
확신

의지, 강한 정신력, 목적의식
분명한 생각, 굳은 결심
쉽게 변하지 않음, 뜻을 세움

긍정적 의미 해석	• 반드시 해내겠다고 다짐한다. • 목표를 세우고 생각이 분명해졌다. • 과감하게 결단한다. • 쉽게 마음을 바꾸지 않는다. • 현재의 어려움을 극복한다. • 새로운 것을 찾아 도전한다.
부정적 의미 해석	• 목표를 지나치게 높게 잡는다. • 방향을 바꾸기가 쉽지 않다. • 융통성이 부족하다. • 강제적인 행동이 될 수 있다. • 성공에 대한 지나친 기대로 욕심을 낼 수 있다.
실전 상담 TIP	이 카드는 목표가 분명해져 성공하겠다는 의지입니다. 확신에 찬 생각은 쉽게 변하지 않습니다. 행동으로 옮기기 전에 모든 생각을 정한 것을 나타냅니다. 강한 신념이 때로는 고집이 되기도 하니 융통성을 발휘해 보세요.

❶ 그림 속에 숨겨진 뜻

「검 ACE」는 목표를 세우고 성공을 이루기 위한 의지를 상징합니다. 검으로
표현되는 것들은 의지, 목적의식, 결심 등 생각과 사고를 의미합니다.

❷ 더작왕자의 검 이야기 1.

더작왕자의 머리가 갑자기 아프기 시작했어요.

너무 아파서 눈을 살짝 감고 풀밭에 누워 쉬고 있는데 갑자기 큰 검을 들고
있는 여우가 보였어요.

더작왕자는 그런 여우의 모습에 깜짝 놀랐어요.

"여우야, 큰 검은 어디서 났어? 왜 들고 있는 거야?"

"검은 양날이 있어. 잘 사용하면 유용한 도구지만 잘못 사용하면 검에 찔려
상처가 날 수 있어. 결심했다면 잘 판단해야 해!"

여우는 질문에 대답은 하지 않고 이상한 말만 했어요.

그리고 눈을 동그랗게 뜨고 더작왕자를 쳐다봤어요.

2 of SWORDS
선택 갈등

양자택일, 균형, 우유부단
내적 현실적 갈등, 선입견
아무것도 결정할 수 없음

긍정적 의미 해석	• 사적인 감정에 휘둘리지 않는다. • 어쨌든 균형을 잡고 있다. • 중립은 지킨다. • 잠시 현상을 유지한다. • 포기하지 않는다.
부정적 의미 해석	• 그냥 버티다가 둘 다 놓친다. • 어떤 결정도 내리기 어렵다. • 어느 것도 놓칠 수 없다. • 전혀 움직일 수 없는 균형이다. • 현실적인 어려움에 직면한다. • 해결 방법을 찾을 수 없다.
실전 상담 TIP	이 카드는 자신이 결정할 수 없는 상황을 나타냅니다. 현실적인 어려움이 닥쳐 어느 것도 소홀히 할 수 없는 심각한 갈등 상황입니다. 빨리 해결하려고 답을 찾기보다는 유연하게 대처하는 방법을 찾아보세요.

❶ 그림 속에 숨겨진 뜻

「검 2번」은 「검 ACE」에서 목표를 향해 굳은 결심으로 시작했는데 현실적인 어려움을 겪게 됨을 의미합니다. 당장 어떤 선택도 할 수 없는 상황을 나타냅니다.

❷ 더작왕자의 검 이야기 2.

더작왕자는 여우의 눈빛에 놀라 정신을 차리고 눈을 떴는데 앞이 보이지 않았어요.

목에 있는 스카프가 눈을 덮고 있었거든요.

양손은 두 개의 검을 잡고 있어 꼼짝할 수가 없었어요.

"어휴, 답답해. 어떻게 해야 하는 거야? 양팔이 너무 무거워... 어느 손을 내려야 하지?"

그때 여우의 목소리가 들렸어요.

"그렇게 망설이지 말고 하나를 선택해."

3 of SWORDS
마음 상처

마음 아픔, 슬픔, 이별, 균열
좌절, 아픈 일이 생김
슬픔을 겪는 시간 필요함

긍정적 의미 해석	• 상처를 받아들인다. • 마음으로 극복한다. • 스스로 상처를 알아낸다. • 슬픔을 스스로 애도한다. • 현재 상황을 받아들인다.
부정적 의미 해석	• 마음의 상처를 받는다. • 내면적 두려움에 빠진다. • 자신이 한 일에 대해 후회한다. • 자신을 외면하면 상처가 더 깊어진다. • 관계에서 배신당한다. • 미리 겁을 먹고 불안해한다.
실전 상담 TIP	이 카드는 갈등 상황으로 심각한 마음의 상처를 입었다는 의미입니다. 부정적인 생각으로 인한 상처입니다. 스스로 받은 상처이니 어떤 상황이든 자신이 치유해야 합니다. 두려워 말고 부정적인 생각은 뽑아서 버리세요.

❶ 그림 속에 숨겨진 뜻

「검 3번」은 「검 2번」에서 결단을 못 내리고 외면했을 때 나타난 결과입니다. 스스로 해결하려는 노력 없이 방치한 결과 나타난 마음의 상처입니다.

❷ 더작왕자의 검 이야기 3.

더작왕자는 자신이 선택했던 행동들이 떠올랐어요.
먼저 떠오른 것은 장미와의 이별이었어요.
"난 그때 무척 슬펐어… 내 마음도 몰라주고 화를 냈던 장미가 미웠어. 그래
서 나도 화를 냈던 거야. 화를 내기 전에 한 번쯤 생각해야 했어. 장미가 왜
나에게 그렇게 화를 냈는지. 그때는 알지 못했어…"
더작왕자의 눈에 눈물이 고였어요.

4 of SWORDS
회복

에너지 충전이 필요함
무기력 상태, 여유가 필요함
치유를 위한 시간, 은둔하는

긍정적 의미 해석	• 잠시 내려놓고 휴식한다. • 에너지를 보충하고 기운을 차린다. • 힘든 상황에서 벗어난다. • 지금 상황을 받아들인다. • 중요한 일은 일단 보류한다.
부정적 의미 해석	• 현실적으로 무기력한 상태이다. • 어쩔 수 없이 받아들여야 한다. • 심리적으로 위축되어 있다. • 정체된 상황에서 헤어나지 못한다. • 지금은 자신이 할 수 있는 일이 없다. • 부정적인 마음을 갖고 있다.
실전 상담 TIP	이 카드는 원하지 않은 휴식을 의미합니다. 현재 상황에서는 스스로 할 수 있는 것이 없습니다. 그저 현재 상황을 받아들이고 심리적 안정을 위해 잠시 쉬면서 스스로 회복하도록 노력해 보세요.

❶ 그림 속에 숨겨진 뜻

「검 4번」은 「검 3번」에서 일어난 현실적인 상황에서 상처받다가 지쳐서 휴식을 취하고 있는 것을 나타냅니다. 편안한 휴식이 아니라 어쩔 수 없는 상황을 의미합니다.

❷ 더작왕자의 검 이야기 4.

더작왕자는 여우와 있었던 일을 떠올렸어요.

항상 좋은 말을 해 주는 여우였거든요.

"난 그때 함께 놀고 싶었다고... 곡식이 익은 들판이 얼마나 아름다웠는데 그곳에서 함께 뛰어다니면서 놀고 싶었어. 내가 놀자고 하는데 들은 척도 안 해서 미웠어. 그때 여우가 왜 움직이지 않고 있는지 그때는 알지 못했어..."

더작왕자는 눈시울이 붉어졌어요.

5 of SWORDS
실망

손실, 패배, 교활함, 빼앗음
극단적 실망, 버리고 돌아섬
비겁한 승리, 관계의 파탄

긍정적 의미 해석	• 마음을 다 내려놓는다. • 구체적으로 결과가 드러난다. • 마음이 아프더라도 기대를 접는다. • 상대방과 갈등이 생긴다는 것을 안다. • 패배했지만 미련 없이 물러난다.
부정적 의미 해석	• 소중한 것을 빼앗긴다. • 기대를 접고 포기한다. • 더 이상 의미가 없다. • 행동이 신중하지 못하다. • 상대가 나보다 강하다. • 더 이상 생각하고 싶지도 않다.
실전 상담 TIP	이 카드는 버리고 돌아서는 내면적 파탄을 의미합니다. 갈등 상황이었다면 더 이상 관계를 지속할 생각이 없고, 타협할 수 없는 상황을 나타냅니다. 그동안 참고 인내한 것이 현실로 나타난 것입니다. 마음을 내려놓으세요.

❶ 그림 속에 숨겨진 뜻

「검 5번」은 있는 곳에서 더 이상 머무를 수 없는 힘든 상황을 의미합니다. 「검 4번」에서 너무 오래 휴식만 취하고 있다가 더 나쁜 상황이 된다는 것을 나타냅니다.

❷ 더작왕자의 검 이야기 5.

더작왕자는 여우를 생각하며 중얼거렸어요.

"그때 나만 생각하고 행동했어... 여우를 한 번쯤 살펴봤어야 했어. 여우가 깨어날 때까지 기다려주어야 했어. 여우가 위험한 상황에서 겨우 탈출하느라 너무 힘들었다는 것을 그때는 알지 못했어..."

6 of SWORDS
벗어남

힘든 상황에서 탈출, 끈기
현재 상황 감수, 긍정적인 변화, 어려움 극복

긍정적 의미 해석	• 힘든 상황에서 탈출한다. • 받아들이고 새로운 목표를 설정한다. • 도와주는 이가 있다. • 현재의 갈등을 인정한다. • 곧 안정을 되찾을 것이다.
부정적 의미 해석	• 현재 상황은 너무 힘들다. • 갈등을 모두 안고 간다. • 당분간 생각을 바꾸면 안 된다. • 억지로 관계를 유지한다. • 어려움을 받아들여야 한다. • 아직은 갈 길이 멀다.
실전 상담 TIP	이 카드는 현실을 받아들이고 힘든 것들은 안고 가야 한다는 의미입니다. 갈등 상황이라면 어려움을 감내하며 함께 견뎌 내세요. 어떻게 해도 해결점이 보이지 않을 때는 문제점은 그냥 묻어 두고 자신을 위해 떠나세요.

❶ 그림 속에 숨겨진 뜻

「검 6번」은 갈등과 많은 어려움을 모두 받아들이고 새로운 목표를 설정하는 것을 의미합니다. 어쩔 수 없는 상황에서 탈출하여 참고 견뎌 내는 것을 나타냅니다.

❷ 더작왕자의 검 이야기 6.

더작왕자는 사막에서 만났던 비행사가 떠올랐어요.

그 비행사는 말도 잘 들어주고 힘들 때 도와주었어요.

"내 이야기만 들어달라고 했어. 사막을 걸어가기 힘들었을 텐데, 내가 힘들다고 안고 가라고 했어. 난 편안하게 비행사 품에 안겨 우물가로 갔는데 비행사는 얼마나 힘들었을까? 그때는 알지 못했어..."

더작왕자의 눈에서 눈물이 떨어졌어요.

7 of SWORDS
섬급함

불안한 시도, 생각의 갈등, 상황 파악 필요
실패한 계획, 신중한 행동이 필요함

긍정적 의미 해석	• 위험을 감지한다. • 불안하지만 일단 시도해 본다. • 힘들어도 행동으로 옮긴다. • 신중한 행동이 필요하다는 것을 알게 된다. • 섬급함의 결과를 경험한다.
부정적 의미 해석	• 앞뒤 생각하지 않고 행동이 앞선다. • 지나친 자만심은 화를 부른다. • 섬급함이 앞서 불안하다. • 어쩔 수 없는 상황이다. • 잔꾀를 부린다. • 무언가를 빼앗겼다고 생각한다.
실전 상담 TIP	이 카드는 마음의 상처로 많이 무너진 상태를 의미합니다. 무엇인가 소중한 것을 빼앗겼을 때 상실감이나 믿었던 사람에게 배신당했을 때 마음에 난 상처입니다. 정서적으로 힘들겠지만 섬급한 판단은 하지 마세요.

❶ 그림 속에 숨겨진 뜻

「검 7번」은 상황 판단 전에 성급한 행동이 앞서 실패한 계획을 의미합니다. 자신이 다치는 줄도 모르고 거만하고 오만한 행동의 결과로 화를 부르는 것입니다.

❷ 더작왕자의 검 이야기 7.

"나의 잘못된 생각과 판단이 나를 힘들게 했어. 내가 나를 아프게 했던 거야…"

그때 여우가 나타났어요.

"너무 자책하지 마. 그때는 알지 못했잖아. 이제부터 잘 생각하고 판단하면 되는 거야."

더작왕자는 여우의 말이 들리지 않았어요.

8 of SWORDS
두려움

위기 상황, 자포자기, 혼란, 속수무책
무기력, 고민, 걱정이 많음, 부정적인 생각

긍정적 의미 해석	• 지쳐 있는 자신을 잠시 돌본다. • 너무 힘들어서 한 박자 쉬고 간다. • 그래도 다시 생각해 본다. • 외로움을 받아들인다. • 힘든 상황에서 행동하지 않고 잠시 멈춘다.
부정적 의미 해석	• 부정적인 생각에 사로잡힌다. • 모든 상황이 두렵다. • 스스로 두려움에서 헤어나지 못한다. • 그냥 아무것도 하지 않고 시간을 보낸다. • 안된다는 생각에 빠진다. • 마음의 문을 닫아 대화가 되지 않는다.
실전 상담 TIP	이 카드는 부정적인 생각으로 만들어진 두려움을 의미합니다. 스스로 만든 생각의 감옥입니다. 상상의 감옥이라 본인 스스로 빠져나와야 합니다. 타인의 말에 경청하며 자신 생각을 유연하게 하도록 노력해 보세요.

❶ 그림 속에 숨겨진 뜻

「검 8번」은 「검 7번」의 성급한 행동으로 실패한 계획이 이제는 극복할 수 없다며 부정적인 생각에 빠지는 것을 의미합니다. 극단적인 두려움을 나타냅니다.

❷ 더작왕자의 검 이야기 8.

더작왕자는 자신이 했던 말과 행동을 되돌아보며 어떻게 해야 할지 두렵고 혼란스러웠어요.

"난 아무것도 할 수 없어... 내가 필요한 곳은 어디에도 없어... 난 혼자야. 내 곁에는 아무도 없어..."

더작왕자는 점점 더 부정적인 생각에 빠져들었어요.

9 of SWORDS
부정적 생각

후회, 근심, 한탄, 외로움
극심한 스트레스, 나쁜 상황
최악의 상황 상상

긍정적 의미 해석	• 상상이라 스스로 해결이 가능하다.
	• 충분히 감당할 능력이 있다.
	• 부정적인 상상이지 현실 상황은 아니다.
	• 실컷 울어서 후련하다.
	• 혼자 있는 시간이 허락된다.
부정적 의미 해석	• 그동안 했던 행동에 대해 후회한다.
	• 부정적 상상으로 자신을 괴롭힌다.
	• 돌이킬 수 없는 상황이다.
	• 감당해야 할 일이 너무 많다.
	• 고통을 알아줄 사람이 없다.
	• 해야 할 일이 부담되어 고민한다.
실전 상담 TIP	이 카드는 자신이 했던 행동을 되돌아보며 후회하는 것을 의미합니다. 부정적 생각이 만들어낸 극심한 스트레스에 빠진 상태로 스스로 힘들게 하고 있습니다. 부정적인 생각을 끊고 잠시 자연을 관찰해 보세요.

1 그림 속에 숨겨진 뜻

「검 9번」은 극심한 스트레스 받고 부정적인 생각에서 빠져나오지 못하고 있음을 나타냅니다. 스스로 돌이킬 수 없다고 절망하면서 후회하는 것을 의미합니다.

2 더작왕자의 검 이야기 9.

더작왕자는 모든 것이 자신 때문이라고 생각했어요.
그렇게 생각하니 몸도 마음도 움직이지 않았어요.
아무것도 할 수가 없었어요.
'내가 왜 그랬을까... 난 이제 아무런 쓸모가 없는 걸까?'
더작왕자는 후회하면서 흐느꼈어요.

10 of SWORDS
받아들임

부정적 생각이 현실로 나타남, 슬픔, 절망
고통이 끝남, 상처, 모든 것을 받아들임

긍정적 의미 해석	• 현실적 문제들을 받아들인다. • 지나간 것은 잊고 다음 단계로 나아간다. • 부정적인 생각을 끝낸다. • 주어진 일을 끝까지 완수했다. • 상처는 입었지만 새로운 시작을 앞두고 있다.
부정적 의미 해석	• 상상했던 일이 현실로 드러난다. • 자신이 보고 싶은 것만 본다. • 좋지 않은 결말로 끝난다. • 현실적인 아픔을 감당해야 한다. • 되돌릴 수 없는 상황이다. • 차라리 몰랐으면 좋았을 것이라고 후회한다.
실전 상담 TIP	이 카드는 부정적인 생각들이 상처가 됨을 의미합니다. 부정적인 생각으로 만들어진 후회와 갈등을 그대로 둔다면 결국 자신에게 현실적인 고통으로 상처를 입히게 됩니다. 지나간 아픔은 그냥 두고 새롭게 시작하세요.

① 그림 속에 숨겨진 뜻

「검 10번」은 「검 9번」의 부정적인 생각에서 빠져나오지 못한 결과입니다. 스스로 돌이킬 수 없다고 후회하며 절망한 것이 현실로 드러난 것을 의미합니다.

② 더작왕자의 검 이야기 10.

더작왕자는 스스로 만든 부정적인 생각에 갇혀서 절망하며 슬퍼했어요.
"이제 나는 끝이야. 끝났어…"
그때 여우가 나타나서 더작왕자를 꼭 안아 주었어요.
그리고 부드러운 목소리로 속삭였어요.
"너를 가두고 있는 저 검은 너만 뽑을 수 있어. 용기를 내서 뽑아 내야 해. 그래야 살 수 있어!"

ACE of WANDS
행동 시작

행동 의지, 앞으로 나아감, 구체적인 시작
주도적, 도전, 기회, 목표 다짐, 경험 시작

긍정적 의미 해석	• 새로운 도전을 시작한다. • 행동할 분명한 이유가 생겼다. • 자신이 원하는 일을 시작할 시점이다. • 마음을 정하고 일단 시작한다. • 행동 의지가 확고하다. • 스스로 직접 행동한다.
부정적 의미 해석	• 주관적인 것에 치우친다. • 내 것 외에 다른 것은 보이지 않는다. • 다양성을 보는 안목이 필요하다. • 타인의 조언이 귀에 들어오지 않는다. • 도전을 두려워한다.
실전 상담 TIP	이 카드는 행동해야 할 이유가 생겼고 실행할 준비가 되었다는 것을 상징합니다. 이제 마음의 결심이 섰으니 구체적인 실행을 시작하면 됩니다. 아무것도 하지 않으면 아무 일도 일어나지 않으니 일단 실행해 보세요.

❶ 그림 속에 숨겨진 뜻

「지팡이 ACE」는 행동의 시작을 나타내며 행동할 의지가 분명하다는 것을 의미합니다. 지팡이는 목표를 정하고 육체적으로 행동한다는 것을 나타냅니다.

❷ 더작왕자의 지팡이 이야기 1.

더작왕자가 숲길을 가다가 이상한 소리를 들었어요.

"끙끙, 조금만 더 힘내야 해. 힘들어도 견뎌 내야 해."

소리가 나는 곳으로 걸어가다가 깜짝 놀랐어요.

뱀이 허물을 벗고 나무 위로 올라가고 있었거든요.

"너, 지난번 만났던 뱀 맞지? 지금 뭐 하는 거야?"

"보면 몰라? 허물을 벗고 더 커졌잖아. 난 앞으로 계속 새로운 모습으로 변신할 거야!"

2 of WANDS
새로운 계획

작은 도전, 용기, 성공 다짐
열정, 자신감, 선택, 행동의 갈등

긍정적 의미 해석	• 다음 단계를 준비한다. • 이미 하나의 목표는 완성했다. • 더 큰 꿈을 이루려고 한다. • 분명한 목표를 세운다. • 노력할 것을 다짐한다. • 곧 행동으로 옮길 것이다.
부정적 의미 해석	• 행동을 위해 갈등한다. • 어떤 결과가 나올지 불안하다. • 바로 실행에 옮기지 못하고 있다. • 내면의 두려움이 있다. • 자신이 이미 이룬 것에 만족하지 못한다.
실전 상담 TIP	이 카드는 더 큰 목표를 향해 희망을 품는 것입니다. 아직 준비가 완벽하지 않아 실행에 옮기지 못하고 있습니다. 실행에 앞서 '할 수 있을까?' 하는 두려움이 있을 수 있지만, 목표를 향해 용기를 내서 도전해 보세요.

❶ 그림 속에 숨겨진 뜻

「지팡이 2번」은 「지팡이 ACE」에서 확고한 의지로 시작한 행동이 작은 완성을 이루었으나 만족하지 않음을 나타냅니다. 더 큰 꿈을 갖고 새로운 도전을 한다는 것을 의미합니다.

❷ 더작왕자의 지팡이 이야기 2.

더작왕자는 뱀이 허물을 벗으며 노력하는 모습을 보고 자신도 무엇인가 도전해야겠다고 다짐했어요.

높은 곳에 올라가서 세상을 보고 싶었어요.

그래서 지팡이를 두 개 만들어서 땀을 뻘뻘 흘리며 긴 시간 힘들게 올라갔어요.

"야호, 정상이다. 드디어 정상까지 올라왔어!"

시원한 바람이 더작왕자의 땀을 식혀 주었어요.

"어, 그런데 저 앞에 더 높은 산이 있네?"

3 of WANDS
목표 집중

미래에 도전을 위한 준비, 구체적 계획
도전할 기회, 행동의 목표가 분명함

긍정적 의미 해석	• 자신이 이루고자 하는 목적에 집중한다. • 더 큰 목표를 계획한다. • 목표가 현실성이 있다. • 미래에 대해 도전한다. • 부족했던 것을 채운다. • 도전할 기회를 엿본다.
부정적 의미 해석	• 자신의 목적을 위해 앞만 본다. • 챙겨야 할 것이 많다. • 주변을 살펴보지 않는다. • 기대가 지나치다. • 자신의 역량을 되돌아봐야 한다.
실전 상담 TIP	이 카드는 미래를 보고 큰 목표를 세우는 것입니다. 망설임을 극복하고 앞만 보면서 자신의 목표에 집중하는 것입니다. 현실성이 있는 목표를 향해 실행으로 옮겨졌습니다. 가까운 주변을 살피는 노력도 필요합니다.

❶ 그림 속에 숨겨진 뜻

「지팡이 3번」은 더 큰 목표를 위해 행동에 집중하고 있음을 상징합니다. 미래를 위해 도전할 기회를 엿보며 부족했던 것을 채우면서 준비하고 있음을 나타냅니다.

❷ 더작왕자의 지팡이 이야기 3.

더작왕자는 세상에 산이 많이 있다는 것을 알았어요.
새로운 산을 계속 올라가도 높은 산은 계속 나타났어요.
더작왕자는 산을 오르다가 문득 생각했어요.
'내가 뭘 하려고 이렇게 계속 산을 오르는 거지? 내가 살고 있었던 곳이 어떻게 되었는지도 모르잖아. 가장 먼저 해야 할 일은...'
더작왕자는 산에서 내려와 자신이 해야 할 일을 했어요.
돌을 치우고 밭을 일구며 곡식 씨앗을 심었어요.

4 of WANDS
행동의 성과

목표 달성 축하, 안정, 기쁨, 노력의 결과
마음의 편안함, 결실이 이루어짐, 재충전

긍정적 의미 해석	• 재충전의 시기이다. • 결실을 이루었다. • 서로를 위로하며 함께 기뻐한다. • 즐거움이 가득하다. • 노력 후에 안정을 얻는다. • 육체적 정신적 모두 만족한다.
부정적 의미 해석	• 분위기에 휩쓸린다. • 현재의 분위기는 일시적이다. • 안정은 오래 지속되지 않는다. • 성취욕이 지나쳐서 쉴 줄을 모른다. • 자신 외에 주변을 살펴야 한다.
실전 상담 TIP	이 카드는 한 단계 행동의 성과를 이루고 현재의 결실을 서로 축하 한다는 것을 의미합니다. 힘든 과정을 잘 극복했으니 노력의 대가를 받은 겁니다. 하지만 앞으로 해야 할 일들이 많으니 잠시 쉬고 다시 분발하세요.

❶ 그림 속에 숨겨진 뜻

「지팡이 4번」은 「지팡이 3번」에서 품었던 큰 꿈이 완성된 카드입니다. 그동안 힘들게 노력했던 것이 좋은 결과로 드러나 축하하며 기뻐한다는 의미입니다.

❷ 더작왕자의 지팡이 이야기 4.

더작왕자가 정성껏 가꾼 곡식은 쑥쑥 자랐어요.
돌밭은 어느새 누렇게 익은 곡식들로 가득 찼어요.
그때 여우가 나타났어요.
"어때? 힘들었지만 뿌듯하지? 너의 손으로 정성을 다해 가꾸었잖아."
"응, 너무 기뻐! 우리 함께 춤추자."
더작왕자와 여우는 밤새도록 춤을 추었어요.
다음 날 여우는 갔고 비행사를 불러 함께 놀았어요.

5 of WANDS
갈등 상황

긴박한 상황, 사소한 싸움
성장하기 위한 과정, 인내
타협 필요, 용기 있는 행동

긍정적 의미 해석	• 성장을 위해 거쳐야 하는 과정이다. • 가장 시급한 일 먼저 해결한다. • 힘든 상대에 대해 인내하며 견뎌 낸다. • 약간의 논쟁은 개선을 위한 방법이다. • 자신을 성장시키는 경쟁자가 나타난다.
부정적 의미 해석	• 갑자기 닥친 일로 당황스럽다. • 해야 할 일들이 많아진다. • 갈등이 생긴다. • 상황을 예측하기 힘들다. • 다수의 경쟁자가 생긴다. • 내부적 문제를 점검할 필요가 있다.
실전 상담 TIP	이 카드는 갈등을 상징합니다. 변화를 위해 거쳐야만 하는 갈등 상황을 나타냅니다. 외부에서는 경쟁자가 생길 수도 있고 내부에서는 사소한 문제가 발생할 수 있으니 주변을 잘 살펴보고 지혜롭게 해결해 보세요.

❶ 그림 속에 숨겨진 뜻

「지팡이 5번」 카드는 내부에서 일어나는 예상치 못한 갈등 상황을 의미합니다. 「지팡이 4번」에서 축제 상황을 계속 유지하여 벌어진 갈등 상황을 나타냅니다.

❷ 더작왕자의 지팡이 이야기 5.

더작왕자는 비행사와 함께 긴 시간 재미있게 놀았어요.

지팡이를 가지고 돌담에서 놀고 있을 때였어요.

뱀이 긴 막대기를 감고 나타나서 소리를 질렀어요.

"그렇게 놀고만 있으면 어떻게 해? 할 일은 하면서 놀아야지. 곡식은 언제 거두니?"

"싫어. 조금만 더 놀 거야. 난 그동안 너무 힘들었어."

"그만 놀아. 그렇게 놀기만 하다가…"

"저리 가. 우리는 더 놀 거야."

더작왕자와 비행사는 가지고 있던 막대기로 뱀이 가까이 오지 못하게 휘둘렀어요.

6 of WANDS
협력

의견 일치, 마음이 통함, 달성
힘을 합쳐 이룬 결과, 성공
구체적 결실, 인정받음

긍정적 의미 해석	• 함께 협력한다. • 구체적인 결실을 이룬다. • 노력을 인정받는다. • 칭찬받을 일이 생긴다. • 함께 하는 사람들이 주변에 있다. • 어떤 난관도 극복할 수 있다.
부정적 의미 해석	• 부당한 결과로 불만이 생긴다. • 해냈다고 자만한다. • 성공의 결과로 자신만 내세운다. • 타인의 노력을 인정하지 않는다. • 앞으로 해야 할 일이 많아진다.
실전 상담 TIP	이 카드는 함께 협력해서 얻은 결실을 의미합니다. 그동안 어려움을 견뎌 낸 행동의 결과입니다. 혼자만의 노력으로 이루어진 것이 아닙니다. 주변을 살펴보면서 도움을 준 분에게 감사해야 함을 잊지 마세요.

❶ 그림 속에 숨겨진 뜻

「지팡이 6번」은 「지팡이 5번」의 갈등 상황을 극복하고 구체적인 결실을 이루었다는 의미입니다. 협력을 통해 이루어낸 행동의 긍정적인 결과를 나타냅니다.

❷ 더작왕자의 지팡이 이야기 6.

더작왕자는 뱀을 쫓아내고 비행사와 함께 사막으로 갔어요.
아직 고치지 못한 비행기가 그대로 있었어요.
더작왕자는 비행사 곁에서 긴 시간을 도와주었어요.
드디어 비행기의 시동이 걸렸어요.
"야호, 드디어 고쳤다. 이제 비행기를 타고 갈 수 있겠어. 더작왕자, 고마워!
네 덕분에 빨리 고칠 수 있었어."
더작왕자는 비행사를 도울 수 있어서 너무 기뻤어요.

상담 타로 카드 해석과 그림책 이야기   **195**

7 of WANDS
극복

혼자 처리, 해결해야 할 문제, 끈기
열정, 방어, 용기, 어려운 상황, 힘든 성공

긍정적 의미 해석	• 용기 있게 행동한다. • 끈기를 가지고 끝까지 막아낸다. • 노력으로 난관을 견뎌 낸다. • 어떻게든 극복한다. • 자신감 있게 저항한다.
부정적 의미 해석	• 예상하지 못한 일이 발생한다. • 혼자서 처리해야 할 일이 생긴다. • 긴급한 상황이 닥친다. • 불리한 상황인데 나서야 한다. • 준비가 되어있지 않다. • 해결해야 할 문제가 많다.
실전 상담 TIP	이 카드는 혼자 해결해야 할 일이 많음을 의미합니다. 현재 상황이 쉽지 않지만 극복해야 할 책임감이 있습니다. 지금은 힘든 상황이고 할 일이 쌓여있지만 어떻게든 모두 극복하게 될 것입니다. 조금만 더 힘을 내세요.

❶ 그림 속에 숨겨진 뜻

「지팡이 7번」은 「지팡이 6번」에서 얻은 목표 달성에 대한 책임감을 상징합
니다. 해결해야 할 과제가 많으니 책임감 있는 행동으로 모두 극복해야 한다
는 것을 의미합니다.

❷ 더작왕자의 지팡이 이야기 7.

더작왕자는 비행사를 보내고 자신의 별로 돌아왔어요.
"아니, 이게 뭐야? 내 별이 어떻게 된 거야? 내가 돌보지 않은 사이에 무슨
일이 벌어진 거야?"
더작왕자는 헐레벌떡 뛰어가 불을 밝혔어요.
황폐해진 자신의 별을 보고 깜짝 놀랐어요.
혼자 처리하기 힘든 상황이었지만 용기를 내어 밤새도록 쉬지 않고 나무를
치우고 정리했어요.

8 of WANDS
빠른 진행

어려움에서 벗어남, 속도, 새롭게 시작
바쁨, 문제가 해결됨, 결과가 드러남

긍정적 의미 해석	• 어려움에서 벗어나 새롭게 시작한다. • 문제가 신속하게 해결된다. • 계획된 시간 내에 결론이 난다. • 목표가 얼마 남지 않았다. • 여건이 좋아진다. • 끝까지 최선을 다한다.
부정적 의미 해석	• 빠르게 해야 할 일이 많다. • 서두르지 말고 계획대로 행동해야 한다. • 결과를 아직 알 수 없다. • 바쁘게 행동해야 할 상황이다. • 다시 힘을 내야 한다.
실전 상담 TIP	이 카드는 목표를 향해 속도를 내어 최선을 다하라는 의미입니다. 이제 조금만 더 실행하면 목표에 도달하니 힘을 내어 끝까지 계획적 으로 마무리하세요. 속도는 내지만 그렇다고 지나치게 서두르지는 마세요.

❶ 그림 속에 숨겨진 뜻

「지팡이 8번」은 이제 목표가 얼마 남지 않았으니 최선을 다해야 한다는 것을 의미합니다. 마무리를 위해 바쁘게 행동해야 할 상황이 되었음을 나타냅니다.

❷ 더작왕자의 지팡이 이야기 8.

더작왕자는 자신의 별에서 정리한 나무를 자동차에 가득 싣고 우물이 있는 곳으로 출발했어요.

자동차의 바퀴가 크고 단단해서 거뜬히 갈 수 있었어요.

"이 길로 가면 빨리 갈 수 있을 거야. 모래에 빠지지 않도록 조심해야지."

더작왕자는 우물가에 무엇인가 중요한 것을 만들겠다는 결심을 하고 속도를 냈어요.

9 of WANDS
책임감

자신이 해야 할 일, 방어함, 신중함
집중, 용기, 인내심, 끝까지 유지

긍정적 의미 해석	• 해야 할 일이 분명히 있다. • 인내를 갖고 끝까지 지킨다. • 주어진 일에 집중한다. • 조금만 더 힘을 낸다. • 그동안 힘들게 얻은 결과를 잘 지킨다. • 남에게 피해 주는 행동을 하지 않는다.
부정적 의미 해석	• 해야 할 일이 아직 남아 있다. • 너무 지치고 힘들다. • 자신이 해야 할 일을 남에게 미룬다. • 더 이상 앞으로 나아가면 안 된다. • 내가 안 하면 안 된다고 생각한다.
실전 상담 TIP	이 카드는 자신이 해야 할 일은 하면서 자신의 위치를 지키라는 의미입니다. 더 이상 욕심내서 행동하지 말고 그동안 힘들게 쌓아 온 것을 유지하며 잘 지키세요.

❶ 그림 속에 숨겨진 뜻

「지팡이 9번」 카드는 그동안 힘들게 노력하여 얻은 것들을 유지하고 지키라는 의미입니다. 더 이상 나아가지 말고 이제는 굳건하게 지키라는 것을 나타냅니다.

❷ 더작왕자의 지팡이 이야기 9.

우물은 꽤 멀었어요. 더구나 우물은 높은 곳에 있었어요.

주변은 어두워지고 더 이상 자동차로 옮길 수 없었어요.

싣고 온 나무를 모두 내려놓고 별을 보고 있는데, 더작왕자 곁에 뱀이 나타났어요.

"네가 보고 있는 저 별이 네가 사는 곳이니?"

"아니, 내 친구 비행사가 지금 여행하는 별이야. 저 별만 여행하고 곧 자신이 사는 곳으로 간대."

"너도 이제 네가 사는 곳으로 가야지. 언제까지 그렇게 힘들게 일하고 있을 거야?"

"아직 더 할 일이 남았어..."

10 of WANDS
과도한 책임

역부족, 결과가 나오지 않음
육체적 어려움, 지나친 압박
능력 밖의 일, 강한 부담감

긍정적 의미 해석	• 조금만 힘내면 목적지에 도착할 것이다. • 힘들지만 묵묵히 견뎌 낸다. • 견뎌 내면 성공하게 된다. • 노력한 만큼 결실이 있다. • 지치지 않도록 휴식이 필요하다.
부정적 의미 해석	• 누군가의 도움 없이 혼자 해야 한다. • 무거운 짐을 떠안는다. • 지나친 책임으로 벌어진 일을 감당해야 한다. • 욕심을 너무 부렸다. • 내가 아니면 안 되는 상황이 벌어졌다. • 육체적 심리적으로 나약해졌다.
실전 상담 TIP	이 카드는 지나친 책임감으로 혼자서 일을 감당하며 힘겹게 유지한다는 의미입니다. 내가 아니면 안 된다는 집착은 내려놓고 잠시 휴식과 여유를 가져 보세요.

❶ 그림 속에 숨겨진 뜻

「지팡이 10번」은 지나친 책임감으로 힘든 상황을 계속 유지해야 하는 강한 부담감을 의미합니다. 혼자서는 감당하기 힘들지만 견뎌 내고 있음을 나타냅니다.

❷ 더작왕자의 지팡이 이야기 10.

더작왕자는 우물이 있는 언덕으로 나무를 날랐어요.
언덕이 심해서 수레가 겨우 움직였어요.
"영차, 영차 끝까지 해보자. 여기서 멈출 수는 없어."
어젯밤 뱀이 이제 그만하고 돌아가라고 했을 때 그냥 갔어야 했는지 잠시 후회도 했지만, 더작왕자는 스스로 선택한 일이라 포기할 수 없었어요.
모든 상황을 견디면서 묵묵히 힘겹게 올라갔어요.

ACE of PENTACLES
현실적인 목표

물질적인 준비, 금전, 계산 시작
실제적인 힘, 욕심이 생김

긍정적 의미 해석	• 이득이 생길 수 있다. • 금전적으로 긍정적인 출발을 한다. • 현실적인 목표를 세운다. • 현실적인 기회가 찾아온다. • 성공하게 될 사업을 시작한다. • 실제적인 이득이 있다.
부정적 의미 해석	• 물질적인 것을 앞에 세우면 이득이 없다. • 물질적 또는 육체적인 것을 중시한다. • 욕심이 생겨 계산하기 시작한다. • 자신의 쾌락을 중요하게 여긴다. • 물질적 행복에 집착한다.
실전 상담 TIP	이 카드는 현실적인 것을 중요하게 여기고 물질적인 가치를 내세웁니다. 계산하고 구체적인 현실적 준비가 된 것입니다. 물질적이고 현실적인 것을 잘 활용하여 삶을 의미 있게 살아 보세요.

❶ 그림 속에 숨겨진 뜻

「금화 ACE」는 현실적이고 실제적인 것을 상징합니다. 눈에 보이는 확실한 물질적인 재물이나 실제적인 힘을 나타내며 현실적인 목표를 세운다는 의미입니다.

❷ 더작왕자의 금화 이야기 1.

더작왕자가 꽃향기를 따라가다 정원에 도착했어요.
그동안 많은 일을 했던 더작왕자는 꽃밭에 눕자마자 깊은 잠에 빠졌어요.
"나는 금화가 좋아. 금화로 뭐든지 할 수 있거든."
더작왕자는 크게 변한 양을 보고 깜짝 놀랐어요.
양이 들고 있는 큰 금화를 보자 욕심이 생겼어요.
"나도 금화 갖고 싶어. 나에게도 줘."
"이 금화를 갖게 되면 좀 힘들어질 텐데 괜찮겠어?"
금화 2개를 받은 더작왕자는 기분이 좋아졌습니다.

2 of PENTACLES
집중 필요

불안정한, 양다리, 양자택일
동시 진행, 억지로 지탱, 융통성, 유연성

긍정적 의미 해석	• 유연하게 균형을 맞춘다. • 집중하려고 노력한다. • 두 가지 일을 동시에 진행한다. • 일이 조화를 이루며 순조롭게 된다. • 중립을 지키려고 노력한다.
부정적 의미 해석	• 집중하지 않으면 두 개 모두 잃는다. • 한 가지를 선택해야 하는 상황이다. • 상황에 대응하지 못하고 걱정한다. • 억지로 중심을 잡고 있다. • 새로운 고민이 생긴다. • 돌려막기를 해야 하는 상황이 생긴다.
실전 상담 TIP	이 카드는 현실적인 상황을 정확하게 알지 못한다는 의미입니다. 두 개 모두 가질 수 있다는 자신감은 있지만 확신이 서지 않은 상황입니다. 집중하지 않으면 두 개 모두 잃을 수 있습니다. 신중한 선택이 필요합니다.

❶ 그림 속에 숨겨진 뜻

「금화 2번」은 욕심이 얼마나 위험한 것인지를 상징합니다. 위험을 감수하면서까지 현실적으로 또는 물질적으로 계속 중심을 잡을 수밖에 없음을 의미합니다.

❷ 더작왕자의 금화 이야기 2.

더작왕자는 어떻게 해야 할지 몰랐어요.
금화를 양손에 들고 외발자전거를 탔거든요.
"어휴, 금화가 너무 무겁네. 하지만 어느 것도 놓칠 수는 없어..."
외발자전거를 잘 타도 소용이 없었어요.
무거운 금화가 양손에 있었기 때문이죠.
힘들어도 일단 앞으로 가야만 했어요.
뒤로 밀리면 가파른 길이라 더 위험했거든요.

3 of PENTACLES
협력적 관계

역할 분배, 현실적 조건, 실력 인정
의견 합심, 안정화 단계, 대가 없이 순수함

긍정적 의미 해석	• 실력을 인정받는다. • 협력적 관계가 형성된다. • 물질적 수익이 시작된다. • 환경적 어려움이 해결된다. • 함께 하는 사람들의 마음이 맞는다. • 도움을 줄 전문가를 만난다.
부정적 의미 해석	• 혼자서 처리하려고 하면 안 된다. • 감사를 놓치면 안 된다. • 노력에 대한 대가는 나누어야 한다. • 지나친 이기심이 나타난다. • 실제적인 이득이 없다.
실전 상담 TIP	이 카드는 물질적인 것과 현실적인 조건이 갖춰져서 구체적인 결과가 나타남을 의미합니다. 혼자의 힘으로는 어려우니 주변의 도움을 받아 협력해보세요.

❶ 그림 속에 숨겨진 뜻

「금화 3번」은 「금화 2번」에서의 위험하고 힘든 상황을 모두 극복한 모습입니다. 환경적인 어려움은 일단 해결되고 누군가의 도움을 받게 됨을 의미합니다.

❷ 더작왕자의 금화 이야기 3.

더작왕자는 힘들게 가져온 금화를 팔았어요.

꽤 많은 돈을 받았어요. 제일 먼저 하고 싶은 것을 했어요.

그림 그리는 재료도 사고 전시장도 빌렸어요.

더작왕자는 자신이 그리고 싶었던 그림을 열심히 그렸어요.

전시될 때까지 주변에서 도움을 많이 받았어요.

"와, 드디어 내 작품이 걸렸어. 내가 그린 거야. 이 그림이 누군가에게 희망이 되었으면 좋겠어."

전시된 작품 앞에서 감격하며 사진을 찍었어요.

4 of PENTACLES
물질에 집착

인색함, 지키려고만 함
소비하지 않음, 소유 욕심, 독점, 불안함

긍정적 의미 해석	• 확실한 이익을 생각한다. • 자기의 것을 잘 지킨다. • 물질을 함부로 다루지 않는다. • 현실적인 것을 깊이 생각한다. • 스스로 노력하여 이룬다.
부정적 의미 해석	• 금전적으로 인색하다. • 물질적인 것에 집착한다. • 나누지 않는다. • 자신의 것을 빼앗길까 봐 불안하다. • 혼자 독점하려고 한다. • 본인밖에 생각하지 않는다.
실전 상담 TIP	이 카드는 물질 소유에 대한 집착을 상징합니다. 자신의 노력으로 이룩한 물질적인 안정이지만 물질은 나누었을 때 더 풍요롭고 의미가 있으며 마음의 안정까지 느낄 수 있다는 것을 생각하세요.

❶ 그림 속에 숨겨진 뜻

「금화 4번」은 물질적인 부에 대한 집착을 상징합니다. 자신의 것을 빼앗길까 봐 노심초사하거나 이익을 우선하여 독점하는 욕심을 나타냅니다.

❷ 더작왕자의 금화 이야기 4.

더작왕자는 다른 별에서 봤던 욕심쟁이가 떠올랐어요.

그는 물질에만 집착하고 있었어요.

"이 돈은 내 거야. 건들지 마."

"지금 뭐 하세요? 그 숫자는 뭐예요?"

"보면 몰라? 계산하고 있잖아."

"뭘 계산한다는 거예요?"

"내 돈이지."

"그 숫자로 무엇을 하나요? 계산만 하는 건가요?"

계산하느라 더작왕자를 쳐다보지도 않고 대답만 했어요.

더작왕자가 질문을 해도 계산기만 두드렸어요.

5 of PENTACLES
현실적 어려움

물질적 결핍, 기회를 놓침
어쩔 수 없음, 고통, 고난, 물질적 손실

긍정적 의미 해석	• 어떻게든 현실적 어려움을 견디고 있다. • 방향을 바꾸면 도움을 받을 수 있다. • 조금만 견디면 나아진다. • 도움을 받을 수 있는 동료가 가까운 곳에 있다. • 현실은 고난으로 어렵지만 함께 이겨 낼 수 있다.
부정적 의미 해석	• 현실을 비관한다. • 물질적 집착의 결과이다. • 도움을 외면한다. • 현실적 상황을 정확히 파악하지 못한다. • 함께 있는 동료는 도움이 되지 않는다. • 방향이 달라서 고난이 계속된다.
실전 상담 TIP	이 카드는 힘든 현실을 함께 견뎌 내야 함을 의미합니다. 어쩔 수 없는 상황이고 피할 수 없는 갈등 상황을 나타냅니다. 어려운 상황이지만 현실적 어려움을 함께 잘 견뎌 낸다면 끝이 보일 겁니다. 조금만 더 힘내세요.

❶ 그림 속에 숨겨진 뜻

「금화 5번」은 현실적 어려움으로 힘든 상황을 상징합니다. 지나친 욕심과 물질적인 집착으로 주변 상황을 살피지 못한 결과로 나타난 것입니다.

❷ 더작왕자의 금화 이야기 5.

더작왕자는 지난번 사막에서 힘들었던 때가 떠올랐어요.

며칠 동안 비행사와 함께 우물을 찾아 헤매었었죠.

그때 물은 벌써 다 떨어졌고 쓰러질 정도였어요.

드디어 우물을 찾아 언덕을 힘겹게 올라갈 때, 너무 힘들어서 비행사가 손을 내밀어도 잡지 못했어요.

"너무 힘들어... 말할 힘도 없어..."

"자, 조금만 더 걸어 보자. 이제 다 왔어. 힘을 내서 걸어보자. 우리 시원한 물을 마실 수 있어."

비행사는 더작왕자가 힘을 낼 수 있도록 도와주었어요.

6 of PENTACLES
도움을 받음

조건에 맞은 분배, 나눔, 만족
관용, 노력해야 얻을 수 있음

긍정적 의미 해석	• 도움을 주고받는다. • 노력하면 얻을 수 있다. • 최소한의 급한 것은 해결된다. • 누군가의 도움으로 해결된다. • 꼭 필요하므로 받아들인다. • 너그러운 마음으로 물질을 사용한다.
부정적 의미 해석	• 도움을 줄 수밖에 없다. • 물질적으로 완전히 만족하지 못한다. • 도움을 받아도 만족스럽지 않다. • 딱 필요한 만큼만 받는다. • 분수에 맞지 않게 퍼준다.
실전 상담 TIP	이 카드는 누군가와 도움을 주고받는 것을 상징합니다. 무조건 받는 풍족한 도움이 아니라 노력한 만큼의 대가 또는 최소한의 것만 주고받는다는 것입니다. 자신에게 필요한 도움을 받으려면 노력해야 합니다.

❶ 그림 속에 숨겨진 뜻

「금화 6번」은 「금화 5번」의 현실적 어려움이 노력을 통해 어느 정도는 해결
되었다는 의미입니다. 혼자가 아닌 누군가의 도움을 받았음을 나타냅니다.

❷ 더작왕자의 금화 이야기 6.

더작왕자와 비행사는 우물가에서 잠시 쉬었어요.

이제는 몸도 마음도 편안해졌어요.

서로에게 도움이 되었다는 것을 알게 되었어요.

"비행사야, 미안했어…"

"뭐가 미안하다는 거야?"

"언덕 올라올 때 손잡지 않았던 것…"

"아, 괜찮아. 그때는 너무 힘들었잖아. 우리 이제 부탁 하나씩 들어주자."

"나는 양을 갖고 싶어. 한 마리만 그려 줘."

"그럼 나는 작별 인사를 해 줘. 며칠 후에…"

7 of PENTACLES
현재 상황 점검

발전을 위한 생각, 문제 개선 고민
심사숙고, 성장 단계, 진지함

긍정적 의미 해석	• 현실을 깨닫고 지나온 과정을 돌아본다. • 인정하고 받아들인다. • 결과물을 보고 방향을 결정한다. • 더 많은 것을 얻기 위해 시도한다. • 가지고 있는 것을 놓치지 않는다. • 현재 상황을 있는 그대로 본다.
부정적 의미 해석	• 현재 있는 것에 만족하지 못한다. • 물질적 가치를 포기하지 않는다. • 내가 가지고 있는 것을 당연하게 여긴다. • 자꾸 다른 것을 보게 된다. • 더 잘하지 못한 것을 아쉬워한다.
실전 상담 TIP	이 카드는 자신의 현재 상황에 만족하지 못하는 것을 의미합니다. 현재 있는 것은 당연하게 여기면서 더 많은 것을 바라는 욕심을 나 타냅니다. 현재 상황을 살펴보고 그동안 당연했던 것에서 감사할 것 들을 찾아보세요.

❶ 그림 속에 숨겨진 뜻

「금화 7번」은 현재 상황을 꼼꼼히 살피며 그동안 노력해 온 것을 다시 돌아보는 것을 상징합니다. 다시 제자리로 돌아와서 문제를 개선하여 성장한다는 의미입니다.

❷ 더작왕자의 금화 이야기 7.

더작왕자는 비행사와 헤어진 후 곰곰이 생각했어요.
'내가 그동안 한 일은 뭐였지? 앞으로 어떤 일을 해야 하는 거지? 내가 놓치고 있는 것은 무엇이지? 그럼, 지금 해야 할 일은 뭐지?'
어떻게 해야 할지 현실적인 문제를 생각했어요.
'내가 있을 곳은 여기가 아니야... 일단 돌아가야겠어. 내가 있어야 할 그곳으로.'

8 of PENTACLES
역할에 집중

꾸준한 노력, 집중
자신의 역할에 충실, 인내
시간 걸림, 근면, 성실

긍정적 의미 해석	• 최선을 다해 일에 집중한다. • 자신의 노력으로 실현한다. • 꾸준함이 풍요로움을 달성시킨다. • 자신의 역할에 충실하면 결과가 좋다. • 자신의 실력 발휘에 자신이 있다. • 차근차근 단계를 밟아간다.
부정적 의미 해석	• 미래를 위해 현재를 희생한다. • 시간이 걸린다. • 눈앞의 일에 집중할 수가 없다. • 돈을 쓸 시간이 없다. • 자신 일에만 몰두한다.
실전 상담 TIP	이 카드는 자신이 해야 할 일에 집중하여 꾸준히 노력하면 자신이 원하는 것들이 큰 성과로 이루어진다는 것을 의미합니다. 현재 갈등 상황 또는 어려움이 닥쳤다면 일단 맡은 역할에 집중해 보세요.

❶ 그림 속에 숨겨진 뜻

「금화 8번」은 미래를 위해 자신의 역할에 충실함을 의미합니다. 현실을 파악하고 집중하면 물질적인 가치는 저절로 따라온다는 것을 나타냅니다.

❷ 더작왕자의 금화 이야기 8.

더작왕자는 서둘러 자신의 별로 돌아왔어요.

그동안 세상여행을 하느라 방치했던 자신의 별은 풀 한 포기 자라지 않는 황무지가 되어 있었어요.

작은 화산은 막혀서 언제 폭발할지 위험한 상황이었어요.

"그때는 정말 중요한 것을 알지 못했어. 나에게 있는 것은 당연하다고 생각 했었어. 꽃 한 송이도 그냥 피는 줄 알았어... 이제 조금은 조금은 알 것 같 아... 세상에 당연한 것은 없다는 것을!"

더작왕자는 열심히 자신의 별을 가꾸었어요.

노력에 대한 물질적 풍요, 행동의 결과
안정된 삶, 보상, 휴식, 만족감, 기쁨

긍정적 의미 해석	• 자신의 노력으로 풍요를 누린다. • 재능에 따라 성공한다. • 성취에 만족한다. • 풍요를 나누면 더 좋다. • 풍요를 누릴 자격이 충분하다. • 노력을 통한 결과물에서 지혜를 얻는다.
부정적 의미 해석	• 자신이 이루었다는 자만심이 있다. • 자신만 누리고 있다. • 타인의 말에 휘둘리기 쉽다. • 지혜롭게 쓸 줄 모른다. • 가진 것을 지키려고 베풀 줄 모른다.
실전 상담 TIP	이 카드는 노력을 통해 이룬 풍요로움을 상징합니다. 현실이 힘든 상황이라면 곧 노력에 대한 결과물이 있으니, 조금만 더 참고 분발 하세요. 그동안 열심히 일했다면 마음의 여유를 갖고 풍요를 누려 보세요.

❶ 그림 속에 숨겨진 뜻

「금화 9번」은 「금화 8번」에서 자신의 노력으로 꾸준히 노력한 결과를 의미합니다. 힘든 과정을 극복하고 풍요로움을 마음껏 누리는 것을 나타냅니다.

❷ 더작왕자의 금화 이야기 9.

더작왕자는 양이 살 곳을 정성껏 만들었어요.
양이 먹을 수 있는 풀도 넉넉히 심었어요.
돌을 하나씩 옮겨서 돌담을 만들고 그 위에 장미 정원도 예쁘게 만들었어요.
"장미야, 이제 안심해도 돼. 양은 내가 심어놓은 풀을 먹을 거야. 풀은 아주 넉넉해. 그리고 내가 매일 매일 너를 돌봐줄게."
"양아, 이제 배불리 먹을 수 있는 풀이 많으니 실컷 먹어. 그동안 장미를 밟을까 봐 불안했지? 담장이 있으니 이제는 마음껏 뛰어다녀도 돼."

10 of PENTACLES
긍정적 성과

안정된 삶, 물질적 풍요, 기쁨
성공, 사회적 명성, 화목

긍정적 의미 해석	• 경제적 풍요로움을 누린다. • 물질적인 것으로 안정된다. • 가정의 화목이 이루어진다. • 물질적인 것을 나눈다. • 현재에 만족한다. • 물질적 풍요를 이룬 것에 감사한다.
부정적 의미 해석	• 받은 것에 한계를 느낀다. • 물질적인 욕심이 계속된다. • 물질적 가치를 지나치게 중요시한다. • 들어오는 만큼 나간다. • 물질적인 것에 더 이상 의미가 없다.
실전 상담 TIP	이 카드는 물질적 풍요로움과 마음의 안정까지 만족을 의미합니다. 삶의 변화를 받아들이고 현재 자신에게 주어진 것에 만족하려면 욕 심과 집착은 던져 버리세요.

❶ 그림 속에 숨겨진 뜻

「금화 10번」은 「금화 9번」에서 스스로 노력하여 얻은 물질적인 것이 안정된 삶으로 연결되는 것을 상징합니다. 안정적이며 감정적인 만족까지 긍정적인 성과를 나타냅니다.

❷ 더작왕자의 금화 이야기 10.

비행사와 작별할 날이 되었어요.
비행사가 부탁한 작별 인사를 하러 근처 별로 갔어요.
더작왕자가 있는 별은 너무 작아서 비행기가 있을 수 없었거든요.
더작왕자는 양을 내려놓고 자신이 가지고 있던 금화를 비행사에게 내밀었어요.
"이 금화 받아 줘. 네가 사는 세상에서 꼭 필요한 거야."
"이건 네가 그동안 잘 보관했던 거잖아?"
"난 이제 필요 없어."
"그럼 난 너에게 무엇을 주지?"
"난 벌써 받았어. 내 마음속에 넌 항상 있으니까!"

긍정 카드

나에게 응원하는 말, 나에게 공감하는 말
나에게 위로하는 말

개선 카드

내가 변해야 하는 생각, 내가 바꿔야 하는 행동
내가 절제해야 하는 생각과 행동

설명	긍정 카드와 개선 카드는 찬스 카드입니다.
	- 78장 카드 속에 섞어서 함께 사용해도 됩니다.
	- 상담을 마무리하면서 단독으로 사용해도 됩니다.
실전 상담 TIP	"더작왕자가 너에게 어떤 말을 하고 있을까?"
	"더작왕자가 너에게 응원하는 말은 무엇일까?"
	"더작왕자가 너에게 위로하는 말은 무엇일까?"
	"더작왕자가 너에게 어떻게 행동하라는 걸까?"

▶ 개선 카드, 긍정 카드 활용 예시

"나에게 필요한 미덕은 무엇일까?"

카드 뒷면

한정된 시간에 다양한 경험을 하면서 나의 삶은
내가 선택하고 나의 삶에 선한 의미를 부여하며
삶을 만들어 간다는 의미입니다.

나오는 글

"디지털적인 모든 것은 그 장점 때문에 역설적으로 사람을 쉽게 피로하게 만들기도 한다. 인간은 피로감을 성취감으로 상쇄하지만 어느 순간 임계점을 넘게 되면 성취감은 우울증으로 이어진다." - 강민구 〈인생의 밀도〉

디지털 세상으로 너무나 많은 것들이 편리해졌습니다. 하지만 디지털 이전에 사람들이 갖고 있었던 감성적인 것들이 점점 사라지고 있습니다. 얼마 전까지는 자기 계발서 책들이 많았었는데, 요즘에는 마음 챙김이나 혼자서 잘 견뎌 내라는 심리학 관련 책과 영상이 넘쳐납니다. 또한 우울증으로 힘들어하는 사람들이 점점 증가하고 있습니다.

급변하는 디지털 세상에서 혼자만의 마음 챙김만 애쓴다면 어쩌면 더 마음은 공허해질 것입니다. 혼자가 아닌 상대방과 함께 마음을 서로 챙겨 준다면, 그렇게만 노력한다면 공허함은 점점 따뜻한 공감으로 채워질 것입니다.

"밥은 먹었어? 숙제는 했어? 스마트폰 그만 봐."

가정에서 자녀와 나누는 익숙한 대화일 것입니다. 매일 함께 생활하는 가족들이 요즘 고민이 무엇인지, 왜 자꾸 짜증을 내는지, 무엇 때문에 힘들어하는지 진솔한 대화를 나눈 적이 몇 번이나 될까요? 시간은 얼마나 될까요? 가족들과 진솔한 대화를 나누고 싶은 분들, 친구들과 함께 서로 공감하며 대화를 나누고 싶은 분들, 학생들과 상담 활동을 진솔하게 하고 싶은 선생님들, 자신의 마음속 친구에게 위로와 응원을 받고 싶은 분들에게 이 책과 '더벅머리 작은 왕자 상담 타로 카드'가 조금이나마 도움이 되었으면 좋겠습니다.

이 책을 읽고 먼저 자신을 위한 '셀프 상담' 연습을 먼저 해 보세요. 실습의 횟수가 많아지면서 점차 가족들과 타인을 위한 상담으로 이어질 것입니다. 또한 대화가 풍성해지고 관계도 좋아질 것입니다.

"엄마, 저 요즘 힘들어요. 상담 타로 카드 해 주세요."

"아빠, 안색이 안 좋으세요. 제가 상담해 드릴까요?"

"이모, 나 불안하고 힘들어. 상담 타로 카드 해 줘."

"친구야, 너 요즘 힘들구나. 내가 상담해 줄게."

"선생님, 상담하고 싶은데 언제 할 수 있어요?"

이 책과 '더벅머리 작은 왕자 상담 타로 카드'가 서로 공감하며 함께 마음도 챙겨주면서 이야기할 수 있는 대화의 끈이 되기를 간절히 기원합니다. 귀에 꽂은 이어폰을 빼서 상대방의 말을 경청해 주세요. 스마트폰에 고정된 시선을 돌려 상대방을 바라보세요.

다시 마주 보고 눈 맞춤 대화를 해 봅시다!

참고 문헌

- 신종민, 『타로 카드 비밀의 문』, 형설Life, 2016
- 최옥환 외, 『타로 카드 상담전문가』, 해드림출판사, 2018
- LUA, 『가장 친절한 타로 리딩북』, 한스미디어, 2020
- 최옥환, 『학교 타로 상담 & NLP 상담』, 하움출판사, 2021
- 박민정, 『심리 상담을 위한 타로 카드 활용법』, 랫츠북, 2022